Robert Wuthnow

美国
乡村的
衰落与
愤怒

留守者

[美] 罗伯特·伍斯诺 著

卢屹 译

Decline and Anger
in Rural America

THE
LEFT
BEHIND

东方出版中心

目 录
CONTENTS

| 引 言
INTRODUCTION

引发极大争议的2016年总统大选尘埃落定之后，分析家们对竞选结果争先恐后地做出解释。有一个结论再清晰不过了：乡村地区压倒性地将票投给共和党的候选人。几乎没有人料到乡村地区的投票会对选举结果起到决定性作用。乡村与城市、城郊地区的投票结果差异十分显著。出口民调（Exit Polls）*显示，乡村地区有62%的选票投给了唐纳德·特朗普（Donald Trump），相比之下，特朗普在城郊得到的票数是50%，而在城市

---

* 出口民调是美国私营调查机构在投票站出口处对刚刚走出来的选民进行的调查，通过直接询问选民投给谁来预估选举结果。——译者注（*号为译者注，下同）

得到的票数只有35%。其他证据表明，在前两次选举中，乡村选民对共和党越来越青睐。更有甚者，一个县的人口越少，离大城市地区越远，把票投给特朗普的可能性就越大。[1]

对于愈演愈烈的城乡政治分裂，最主要的一种解释是，乡村居民正在遭受经济困难，他们需要改变现状。另一个与之相关的解释认为造成这次乡村地区投票结果的原因是，占乡村人口大多数的白人有明显的种族歧视、重男轻女的倾向，尤其是在心怀不满的情况下，他们会偏向投给白人男性候选人。这两种解释表面上看似乎没什么问题。乡村经济确实正在受创，而乡村人口大多数是白人。在竞选集会上，对失业的抱怨以及对于非裔美国人、墨西哥裔、女性的诽谤此起彼伏。皮尤研究中心（Pew Research Center）*于选举前四个月进行的民调结果预测了以下决定性因素：七成的白人乡村居民声称在本地难找工作，白人男性对家庭前景以及移民劳工造成的威胁似乎尤为悲观。[2]美国人口调查局（U.S. Census

---

[1] Danielle Kurtzleben, "Rural Voters Played a Big Part in Helping Trump Defeat Clinton," *NPR*, November 14, 2016, www.npr.org; Lazaro Gamlo, "Urban and Rural America Are Becoming Increasingly Polarized," *Washington Post*, November 17, 2016, www.wp.com.

* 皮尤研究中心是美国的一家独立性民调机构，总部设于华盛顿特区。该中心对影响美国乃至世界的问题、态度与潮流提供信息资料。

[2] Rich Morin, "Behind Trump's Win in Rural White America," *Pew Research Center*, November 17, 2016, www.pewresearch.org.

Bureau）公布的数据也凸显出乡村的困境：2015年非城市居民的收入只增长了3%，而城市居民的收入增长了6%。[1]

专家表示，将原因归于乡民抱怨与不满的观点有其可取之处，但并未触及美国乡村现状的根底。选举结束一周之后，查尔斯·M. 布洛（Charles M. Blow）在《纽约时报》（*New York Times*）撰文指出，毫无疑问，乡村居民"对人口庞大的大城市（他们不喜欢乡下人）里的大机构、大政府抱有怀疑态度"。他发现，事实上，乡村地区在种族上、文化上是孤立的，而城市则是国际化、多元化的。简言之，这种分裂是一种文化现象。[2]

美国乡村战略中心（Center for Rural Strategies）的肯塔基人迪·戴维斯（Dee Davis）也认为，与政策因素相比，特朗普的胜出与文化因素更为相关。"我们很多乡村人的耳朵只听得进我们听得懂的东西。"他说，"我们觉得别人在居高临下地对我们说话，结果导致我们不关心政策——转而关心说话语气、关心参考消息、关心文化。"[3]

城乡之间产生文化分裂，这当然是合乎情理的。一个多

---

[1] Quoctrung Bui, "Actually, Income in Rural America Is Growing, Too," *New York Times*, September 16, 2016, www.nyt.com.

[2] Charles M. Blow, "Trump's Rural White America," *New York Times*, November 14, 2016, www.nyt.com.

[3] 迪·戴维斯的话引用于：Helena Bottemiller Evich, "Revenge of the Rural Voter," *Politico*, November 13, 2016。

世纪以来，《纽约时报》的社论就常在对乡间生活理想化的美文与对落后乡村选民蓄意阻碍城市发展的尖锐批评之间左右摇摆。托马斯·弗兰克（Thomas Frank）在《堪萨斯怎么了？》（*What's the Matter with Kansas?*）一文中的结论验证了这一点：在堪萨斯州之类的乡村地区居民受到保守思想观点的影响之大，足以让他们可以违背自身利益去投票。关于文化分裂的主张也许还让读者想起了巴拉克·奥巴马（Barack Obama）在2008年对于小镇选民不甚明智的批评，说他们"心怀怨怼"，而且"坚持枪支政策、宗教信仰，仇恨那些跟自己不同的人"。[1]

然而，就算这种分裂与文化有关，要说的话就仅此而已吗？乡村选民心怀不满是因为他们没有城市居民见多识广，说这种话就足够了吗？美国乡村居民就这么千人一面吗？毕竟，大约有3 000万美国人生活在居民人口少于25 000人的小镇。更何况，如果按照人口普查所定义的"乡村人口"进行统计，这个数字会上升到4 400万或者5 000万（具体数据依统计口径而定）。[2] 为了了解这些社区居民的状况和想法（他们的生活是怎样的、他们看重什么、他们是怎样形成对政治候选人以及政府的看法的），花些时间跟他们交流交流，难道

---

[1] Ben Smith, "Obama on Small-town Pa.: Clinging to Religion, Guns, Xenophobia," *Politico*, April 11, 2008, www.politico.com.

[2] U.S. Department of Agriculture, *Report on the Definition of "Rural."* Washington, DC: Government Printing Office, 2013.

不是合情合理的必要工作吗？

过去的十年里，我一直都在研究美国乡村的情况并撰写著作。我在乡村的世界里长大，却已经有好多年没有生活在那里了。那个世界里的人们政治保守、宗教保守，他们生活在小镇、农场以及远离东西海岸、人口稀少的地区。他们认为自己的社区是美国的核心区域。我访问了数百个这样的社区，研究它们的历史，从调查报告、选举结果、出口民调、人口普查、商业数据以及市政档案中收集它们的信息。我和研究助手们一起开展了 1 000 多次的深度定性访谈。我们与农民、工人、企业主、家庭主妇、神职人员、小镇公务员、镇长、社区志愿者等人交谈，我们聆听他们的故事：他们对自己的社区哪里喜欢、哪里不喜欢，他们的困难与成就、在乎的问题、政治观点，还有他们对子女的希望与期待。对于听到不同意的事情，我们尽可能地搁置异议，并且试图去倾听、去理解。[1]

---

[1]　我的研究助手有 Aislinn Addington、Bruce Car-ruthers、Phillip Connor、Janice Derstine、Emily Dumler、Justin Farrell、Brittany Hanstad、Sylvia Kundrats、Karenna Martin、Paul Martin、Christi Martone、Karen Myers、Steve Myers、Cynthia Reynolds、Shayne Runnion、Devany Schulz、Melissa Virts、Lori Wiebold-Lippisch 等人。我在讨论这项研究时频频提到的"我们"就是指这些人。访谈对象包括住在 43 个州的约 300 个小镇及其附近的居民、农民。大量访谈素材以及访谈细节见于我的这些著作：*Remaking the Heartland: Middle America Since the 1950s*、*Small-Town America: Finding Community*、*Shaping the Future* 以及 *In the Blood: Understanding America's Farm Families*。

　　我的主张是，要理解美国乡村，必须看到由居民结成*道德共同体*（moral community）的地方。我的意思不是指按照口头意思所理解的"道德"，即善良、正直、高尚、刚正等，而是要因地制宜地看待道德：在某个地方，人们对彼此负有义务，觉得应该去维护影响他们日常生活的期望，维持他们获得归属感、正确行事的本地生存法则。这个道德共同体的定义见于埃米尔·涂尔干（Émile Durkheim，1858—1917）*的文稿以及诸多步其后尘的著作中。[1]

　　道德共同体吸引我们注意到这样一点：人们彼此互动时，会对彼此以及发生互动的地方产生忠诚感。这些持续的互动及由此带来的责任感、身份认同感把这一共同体打造成了一个大家庭。这样理解社区中的人，与把人看成独立个体、完全按照自身经济利益和精神需求而形成见解的观点是不同的。这些人*也许*是顽固的利己主义者，但他们实质上未必如此。去美国乡村待一阵子，你就会发现一个现象：那里的人是以社区为导向的。

　　与2016年总统竞选期间受到热捧的观点相反，美国乡

---

* 埃米尔·涂尔干是法国社会学家、人类学家，与卡尔·马克思、马克斯·韦伯并列为社会学的三大奠基人，主要著作有《自杀论》《社会分工论》等。

[1] Émile Durkheim, *The Elementary Forms of Religious Life*, trans. Karen E. Fields (New York: Free Press, 1995 [1912]).

村不是铁板一块的人口普查集团，也不是步调一致的投票集合体，甚至不是偏向单一政党的选区。诚然，美国乡村在政治上比城市更为保守，而由这个事实导致的细致入微的分析，也同样会让人产生误解。例如，阿莉·拉塞尔·霍克希尔德（Arlie Russell Hochschild）[*]所著的《故土的陌生人：美国保守派的愤怒与哀痛》（*Strangers in Their Own Land: Anger and Mourning on the American Right*）就是一项富有见地的研究，它的研究对象是路易斯安那州查尔斯湖大都市统计区（Metropolitan Statistical Areas）[**]（人口超过20万）的居民，他们的不满情绪使得他们支持了茶党（Tea Party）[***]。然而，这并不是对于美国乡村的研究。

美国乡村是由小型社区构成的。美国乡村人不是住在小镇里就是住在小镇附近。从任一城市驾车向任一方向行驶，点缀在沿路地貌中的便是这些社区。在美国19 000个统一建制区块中，有18 000个的人口少于25 000人。而在这18 000个区块中，有14 000个位于城市化区域之外。这才是美国乡村。

小镇是美国乡村的核心。殖民者在占据东海岸之时，便

---

[*]　阿莉·拉塞尔·霍克希尔德是美国加州大学伯克利分校社会学荣休教授。

[**]　大都市统计区是在美国核心都市人口密度相对较高、与地区经济有密切关系的地理区域。

[***]　茶党是美国的右派民粹主义运动组织。

定居在了各个小镇里。随着人口向着开放的西部扩展，他们建立了许多小镇。定居者无论是住在小镇上，还是在周边务农，小镇对他们的生存都是至关重要的，重要到哪怕全国人口都向城市及城郊迁移了，小镇在美国乡村人心目中的地位依然无法动摇。

托斯丹·凡勃仑（Thorstein Veblen，1857—1929）*很多年前一语道出的小镇的意义，至今仍能引起美国乡村人的共鸣："乡村小镇是美国的一种优秀制度，从某种意义上说是最优秀的制度，因为它已经并将继续在塑造公众情感、赋予美国文化特性等方面起到其他地方无可比拟的作用。"[1]

近一个世纪后的今天，住在城市、城郊的人像凡勃仑这样想的很少了，但住在乡村小镇的许多人依然会这样想。美国乡村人意识到，国家和文化已经翻开了新的篇章，但他们相信，美国的心脏依然在小型社区里跳动。

跟美国乡村人聊天，你马上就会发现他们的身份认同感与他们所在小镇的渊源之深。小镇人口也许在减少，但他们依然关心它的存续。正是在这里，他们与其他人相识——邻

---

* 托斯丹·凡勃仑，美国经济学巨匠、制度经济学鼻祖，代表作《有闲阶级论》。

[1] Thorstein Veblen, "The Country Town," from *Absentee Ownership and Business Enterprise in Recent Times* (1923), ch. 7; *The Portable Veblen* (New York: Viking, 1948), 407.

居、镇长、银行女职员、农民合作社里的伙计。也许他们在这里长大，也许他们拥有土地。他们在意的是家乡橄榄球队在赛季中是否夺胜。他们为这里的社区精神而感到自豪。

对你所在的小镇，你不一定什么都喜欢——也许还有很多不喜欢的地方，然而就是这个小镇在很大程度上造就了你的为人。它是你生活的地方、你认识别人的地方以及别人认识你的地方。它的价值观取决于你的行动，它的思维方式反映在你的谈话中。它是你的生活方式，你珍视它并且尽力维护它。

美国乡村人的内心愤慨是忧虑和愤怒的结合体。忧虑在于小镇生活方式正在消失，愤怒在于它们已经深陷重围。不了解美国乡村人对于其社区的忠诚，就无法理解这种愤慨。这种愤慨源于一个事实：就他们习以为常并生活在其中的道德共同体而言，构造了这个共同体的社会期望、关系、责任正在年复一年地从根本上瓦解。

这种瓦解明显表现在许多乡村社区的人口正在减少。学校关停、企业撤离、工作机会消失。这些现象影响着诸多家庭，许多父母在抚养孩子之时就已明白他们成人后终有一日要离开家乡，许多家庭为了工作、购物、做礼拜也不得不搬到更远的地方。

不过，单凭这些不足以认定，这种内心愤慨的根源是基于道德共同体已经深陷重围的感知。农业人口以及许多小镇的人口在一个世纪以来一直在减少。乡村家庭不但预料到人口减少是必然趋势，而且几代以来都鼓励子女去其他地方寻找更好的工作。当一种道德秩序开始崩溃时，产生的问题将更加广泛、更加深远。道德秩序的崩塌导致信念感的下降，同时又激发了防护它的能量。"如何解决这些问题"的提问演变成了一种"应该向谁追责"的质问。

理解目前对乡村社区起作用的文化影响要素，要先从当地的惯例、期望、习惯着手，这些社区的居民在大部分时间对这些习以为常，但如果有人要求他们描述本社区的情况时，他们能把这些因素快速准确地表达出来。依据人口规模、历史、地域、本地经济等各有不同，从当地居民的视角切入，才能正确地审视乡村社区。然而，乡村社区也有共通性，包括这些社区为居民称道的可取之处。对于居民来说，关键要有安全感，能享受相对简朴的小镇生活。他们为本社区的成就感到自豪，哪怕只是新添置了一辆消防车、篮球队获胜之类这样仅发生在当地的事情，对他们来说都很重要。他们承认生活于此有不便之处，但他们认为，与他们对子女、可能还有年迈的父母以及对自身的责任感相比，这些不便并不重要。

尽管乡村社区常常有惊人的复原能力，居民也敏锐地意识到了自己面临的问题，但人口在很长时间内缓慢下行而他们几乎意识不到，当学校停办时，那就好比当头一棒。镇子上唯一的小制造厂因为母公司搬迁到墨西哥而关门，也让他们意识到了相同的问题。还有其他问题：镇上发现过制毒窝点、一场车祸导致全车的青少年丧生。居民们谈论这些问题时就好像它们是新的问题或者比以往严重的问题，尽管实际上未必如此。他们担心高科技设备高昂的生产成本会逼得本地农民放弃务农。他们担心社区中的老人、穷人增多，在本地更难得到帮助。他们还担心来自其他国家、说外语的人们相继到来，从而威胁到社区的根基。

面临这些令人畏惧的挑战，乡村社区里最先做出反应的是居民信任并且在需要帮忙时所指望的一群人。这些人希望乡亲们尽量自力更生，实在不行再寻求社区组织的帮助。他们的道德责任感有两个方面：除非不得已，不要成为他人的负担；有能力帮忙的话，就应该慷慨解囊。虽说有些是邻里互助，但大多数还是通过正规渠道组织的。动员资助的组织通常是教会，其后是志愿者消防公司、图书馆委员会、共济会、为病残者送餐上门的组织以及数量惊人的类似组织，他们都有参与。财力雄厚人士会被众人期望扮演领导的角色，还有本地的民选官员。人们为这些传统感到自豪，但也承认这些并不足以应付所有情况。跟其他人一样，他们也期望政府帮助。

乡村社区对于华府的看法通常显现为两种互相矛盾的叙述：一方面，政府不管我们，没出任何力量为我们解决问题；另一方面，政府不理解我们，总是侵犯我们的生活，这样更加添乱。他们表示自己"难过""反感""担心""愤怒"。他们说，困难之处不单在于华府失灵了，而且在于，为了解决问题，你必须了解当地的情况（道德秩序）。跟人打交道，你必须了解他们的需求和情况，而不是所有议程一刀切，他们觉得这种方式表明政府更关心的是城市利益而不是他们的利益。同时，他们觉得华府对待乡村比以往更带有侵犯性，如提高税收，执行一些不太公道的规定。

除此之外，乡村社区的道德秩序还包括用务实、符合常理的方式处理地方问题，而华府似乎不能理解这一点。地方社区自豪于务实、有效、踏实的办事风格，尽管有时会失败，要重复几次才行得通。但社区领导者认识到，处理社区问题的规则已经变了。要办成事情，就需要外部支援，而要获得外部支援，就得笼络人脉、申请拨款。这就必须用到他们可能不具备的专业技能，不然，地方事务就只能指望州、联邦那些有所偏袒的政策。而华府只会夸夸其谈而没有实际行动，铺张浪费、毫无人情味，是一个充斥着浮夸理念、高谈阔论但不关心老百姓的地方，这种感觉加深了美国乡村人的愤慨。居民们很气愤，认为华府好像是被特殊利益驱动的，这些利益只是为了迎合政策说客和偏心的政客。他们凭直觉认为，华府变得如此不负责任，对草根的想法反应如此迟钝，此时不清算更待何时。

如果美国乡村的愤慨源自一种挫败感——一种生活方式

在瓦解而华府反而在添乱，那么认为红州（red state）*的政治受到堕胎、同性恋等热门议题影响的这种让人耳熟的观点就值得深思了。支持计划生育、性少数群体的人把乡村选民当成敌人，而乡村选民通常支持反堕胎、反同性恋的政策。双方事实上已经分化，然而这些问题并没有表面看起来那么简单。与选民交谈得到的证据是复杂的。热门议题确实跟共和党选举紧密相关，也跟撤销罗伊韦德法案（Roe v. Wade）**的可能紧密相关，但居民在日常生活中的姿态又与自身的政治立场有着微妙的差别。这种差别反映在现实中居民对于堕胎的邻居或者同性恋好友的同情上。两极分化现象由于两方利益群体的分歧变得更为尖锐，这些利益群体动员、组织了资金充足、遍及全州的竞选活动，连当地选民有时都觉得这些活动的动机不纯。

还有，认为"乡村"基本代表"白人"，而"白人"就代表对"非白人"有偏见，这种观点又如何？确实，乡村人口里85%到90%是盎格鲁白人；也确实，拥有一定数量非裔美国人的乡村社区比较少，要是有的话，他们现在仍遭受着隔离；还有，越来越多的拉丁裔人士在不少乡村社区居住，他

---

* 红州和蓝州是指美国近年来选票分布的倾向，表示共和党、民主党在各州的势力，红色代表共和党，蓝色代表民主党。

** 罗伊诉韦德案是一桩围绕堕胎权的诉讼案，1973年，美国最高法院判定原告罗伊女士胜出，从而使得堕胎在全美合法化。

们同样面临歧视。这些实际问题都是不容忽略的。非裔、拉丁裔乡村居民明确地说，他们的生活仍受到这些歧视习惯的影响——他们在不人道的工作环境中，在骚扰、驱逐等的威胁下挣扎。

相比而言，白人居民强调了少数族群或许已经获得的权益，比如黑人、拉丁裔候选人被选入镇委会，但他们的说法暴露了他们依据"含白量"对"道德秩序"进行预判的程度。很少有人赞成为了多元化而多元化的做法，但即便存在这种做法，它也意味着增长的趋势，通常也具有象征意义。乡村社区的种族歧视、重男轻女现象未必像批评家有时宣称的那样严重，但种族歧视、重男轻女是嵌入在几乎所有全白人社区日常生活模式当中的。而且他们的愤怒有一部分原因确实是，他们觉得，推行多元化是大包大揽的政府又一侵犯行为的表现。

倾听谈话者表达自己的观点时，我们有时难免会想，他们所说的显然不合理或者过于偏执。我的观点是，研究者的角色不是争论，而是怀着尊重去倾听，以便能描述他们对自己的世界是如何解释的。在乡村美国人居住的社区里，他们的观念和想法大多数都是非常合理的。而且，就这一点而言，他们的看法通常表达了积极的价值观和真实的关切，心怀公正的人都应该能理解。我认为，对于住在城市、城郊的人来说，理解的第一步是马上走进这些社区，而不是表达反对意见，当然更不是指责数百万同胞为无可救药的疯子。

2016年总统选举期间，令许多观察家吃惊的是，美国乡村人之怒很早以前就存在了，要是有人愿意了解的话，那是很明显的。它不是一夜之间发生的，也不可能马上缓解。乡村选民是少数派，但对于州和全国的政治局面有着相当大的影响。要准确描述、评价乡村选举，就必须去理解它。简单用衰退论调讲述美国乡村的经济困难是无法理解它的。虽然有许多乡村社区发生了困难，但还有不少社区的情况是不错的。乡村人口在美国总人口中的比例也许是在减少，但就绝对值而言并没有减少。乡村居民并没有为了住到城市里而成群结队地离开这里。即便是一些离开的人，也被自然增长的或移民的人口填补了。理解乡村选民的各种变量以及主要倾向，需要倾听，需要努力通过当地人的视角看世界。正如美国其他地区一样，乡村生活也是复杂的。为了获得对这种复杂性的洞察，我们必须对乡村社区先有个更为清晰的认识——不能将其作为人口统计的类别，而应作为人们建立家园、追寻梦想、彼此承担责任的地方来认识。以此为基础，才能探寻乡村愤怒的根源，才能对乡村在美国政治中的作用做出审慎评价。

1

社 区

COMMUNITIES

| 社 区
COMMUNITIES

在"大数据"、数字化造成的诸多效应中，最深远的一个是信息内容本身受到了编制。就我们所了解的美国乡村最唾手可得的信息而言，情况便是如此。全国报刊、互联网提供了海量的信息，很多是以统计数据、图表以及交互式地图的形式体现的。这些信息为美国乡村绘制了一幅鲜明的图景。这个国家的一部分是由"乡村地区""乡村县域""乡村人口""乡村选民"组成的。这类信息是有用的，但它也忽略了美国乡村最关键的事实，即促使记者、政治分析师、社会科学学者呼唤另一种不同的、更贴近美国乡村居民现实的信息。这一块缺失的事实是：美国乡村是由小型社区构成的。在美国乡村，几乎所有人都分别生活在自己的社区里或社区附近。这就是他们称之为"家园"的社区。

社会科学学者把家园定义为这样一种地方：我们在这里与我们认识、关心的人进行惯常的互动，在这里进行日常生活中最为惯常的活动，在这里得到安全感或者期望得到安全感。家园是包含了亲切感、回忆、氛围、习惯的所在，是我们大部分时间习以为常并且感到自在的空间。我们说"感觉就像在家一样"时，就是这个意思。

家园也可能给人们造成伤害。治理家园的规则可以是约束人的，正如人类学家玛丽·道格拉斯（Mary Douglas）[1]所写到的，它对"人的身心"实施"专横的控制"。年轻人经常反抗规则，一心只想逃离。但是，在规则管用的前提下，家园是我们感到有责任维护这些规则的地方，家园是需要维护、修补的地方，家园是我们希望感受到爱——或者至少能感受到理解和支持的地方。

在这些方面，乡村社区就是家园所在，且家园情谊更为深厚。对于大多数乡村社区居民来说，他们居住（或就近居住）的小城镇在地理上是容易辨认的。小镇界限划分清晰，不但有名字，而且在大多数情况下都有一个同名的学校，学

---

[1] Mary Douglas, "The Idea of a Home: A Kind of Space," *Social Research* 58, 1 (1991), 287–307; quote on p. 303.

校有代表小镇出赛的运动队，运动队都有吉祥物。小镇上设施齐全，居民们大多在镇上购物，去当地的邮局，在当地参加礼拜活动，熟门熟路。除非是人口极少的社区，社区人口通常不至于少到真的"人人都认识"，但不奇怪的是，他们总是莫名其妙地感觉像是人人都认识一样。

这还不是全部。乡村社区是有道德义务的所在。居民们可以自顾自地过日子，很少跟别人交流，但如若这样生活，他们就会被当成外人。要成为合格的社区成员，必须跟邻居聊天，必须打理好自家的住宅，必须担当镇上的某些社区职责。这些事可不是极少得到实践的乌托邦式社会理想，而是对日常生活的默认约束，居民要持之以恒地遵守，这些约束才能形成可以运作的社区惯例。

对社区的义务包含了对于社区中具体人群的义务。第一责任序列就是对自己以及家人；相应地，照顾好自己、不成为邻居的负担也是对社区的义务。第二责任序列是社区确会为家庭的外延提供支持：子女就读的学校、需要医护或生活照顾的年迈亲戚、传承三代的农场。第三责任序列比较有选择性，通常包括社区组织以及覆盖全社区的项目，比如支持年度校友日游行或加入志愿者消防公司。

强调这些义务责任并不是说对社区都要事事亲为。社区跟家庭一样，也是有困难的。居民们太忙，没空参与社区事务；邻居互相躲避；家庭间不和。强调这些义务的意义在于，日常生活大都发生在这个划定了界限、有着明显社会文化特征的社区里，以至于社区本身会呈现出家的特性。就像人们把住所当成家一样，乡村小镇的居民则把社区当成了家。他们住在如此这般的地方，"来自"那里，在内心有那个地方的景象，这种景象足够清晰，他们能凭此辨识方向，知道去学校要在卫理会教堂右转，去合作社要在红绿灯左转。他们知道社区的缺点，正如知道自家的毛病一样。即便如此，社区仍然如同家一样，因为它很亲切。

正因为这些原因，我们需要把乡村社区作为整体、作为被人称为"家园"的所在去理解，才能明白为什么当人们在感到社区遭遇威胁时经常会做出情绪化的反应。他们生活的地方是"道德共同体"，承载着他们所认同的、关于生存质量的意义。道德共同体影响了他们的态度，影响了他们对于自家利益的看法。然而，道德共同体的影响比这更加深远，它代表了他们的生活方式。

要更好理解建构起这种道德共同体认知的各种因素，我们需要考虑生活在偏远小地方的居民对自己社区的描述。这么做能说明人们对于社区有多么的认同，说明他们描述这些地方所用的语言跟我们许多人描述自家、描述自己社区的语言是多么的相似。除此之外，这些描述也表明，乡村居民是多么地看重他们在社区中的根基，感到住在小地方比住在城市拥有真正的优势，能通过对自己、对邻居尽义务而与社区紧密相连。

三个例子

第一个例子是我叫作"美地"（Fairfield）的社区，一个有着14 000名居民的中西部小镇，其中90%是英裔白人，其余的是拉丁裔或混血人种。该县六个更小的镇子以及周围的农场里还住着13 000人。美地镇所在的广袤平原从得克萨斯州向北到堪萨斯州、内布拉斯加州，南到北达科他州，一直绵延到加拿大西部。[1]

美地镇最引人注目的特征是其地形极其平坦。从数公里之外的四面八方都能看见该镇的大谷仓。自19世纪70年代第一批白人居民在此拓荒开垦起，除了北面的一排低矮山丘，该镇周围大部分土地上都种植了作物。传说最早的移民将一些最优质的冬小麦引进了该地区。如今，这里的农田一半种着大豆，一半种着小麦。

美地镇居民在小企业、办事机构以及几个技术含量不高的工厂上班，附近的农民则种植小麦、大豆，养殖牲畜。跟许

---

[1]　本章举例介绍的美地镇以及其他两个小镇（新堡、湾谷）是实际存在的小镇，其规模、所在区域与我提到的相符，但这些名字不是这些镇的真实名字，这是出于对这些镇上受访者的个人隐私的保护。使用真实镇名的有黎巴嫩镇、史密斯中心、加登城、林兹堡、威奇托等，其他镇名为化名。

多小镇一样，美地镇的医院和学校是当地最大的雇主，而三分之一的劳动力从事制造业，这代表相当一部分家庭与农业人口并无共同之处，只是他们对国际贸易和国内政策都一样担忧。

跟许多小型乡村社区相比，美地镇一片繁忙景象。一个世纪前，该镇的规模不足以算作一个建制区块，但该镇人口在美国每十年一次的人口普查中都在增长。早期一个与教会相关的学院吸引了学生，促使他们留下从事专业工作。之后，一个专科学校使得该镇的白领队伍得以增长。该镇是县政府驻地，同时还位于两条高速公路的交叉点，这两点起到了作用。如今，装运牲畜、粮食的拖挂卡车在镇上穿行。在该镇的一边有一家加工原油和天然气的工厂，另一边一家全国家用商用产品公司的区域总部提供了就业。在该镇又一侧的数公里外有一条州际高速公路经过。20年来，小镇沿着这个方向发展出了遍布公路边的加油站、餐馆、二手车经销店以及一家沃尔玛超市。

美地镇规模够大，职业也够多样化，因此居民大多与近邻、亲戚、同事以及在教堂、俱乐部认识的人产生联系。尽管如此，整个社区的凝聚力还是很显著的。从8月下旬到11月下旬，大多数星期五晚上的最佳去处是在美地镇的美洲狮体育馆为冠军球队、美洲狮橄榄球队助威。当地报纸如今可在网上免费查阅，它只会选登寥寥几则本州和全国的政治新闻，而大部分内容都是在炫耀本镇的最新体育成就。

路过美地镇的游客可能会决定继续前进，希望两小时车程外的城市里有更让人心动的便利设施。不过当地人觉得他们的社区大小正合适——觉得这里太大的人会住在那种共用一家联合中学的小乡村里。我们访谈的当地人说，让他们喜欢的一点是，这里的活动很丰富，而且不管什么活动，只需几分钟就能去到目的地，而且之前也已经去过很多次了。对某一位女士而言，那是她从小就去的教堂；对另一位女士而言，那是她已故母亲创办的家庭社区俱乐部；对又一位女士而言，是去中学出席音乐表演活动。

卡伦·米克斯和丈夫约翰住在美地镇西面几公里外的一个农场里。她在25公里开外的一个乡村学区一年级教课，包揽了大部分家务，还在农场里帮忙，去镇上养老院照顾母亲。环绕着树木、农场建筑的两层楼农舍以及400多公顷农田中的大部分在米克斯家已经是三代相传了。米克斯家去美地镇的教堂做礼拜，在这里经营所有的农场生意。[1]约翰的祖上很早以前就在其他社区务农了。

米克斯太太是客观看待生活实情的一类乡村美国人。她住在镇外，又很忙碌，承认很少有空跟邻居聊天。实际上，

---

[1] 全书中都使用了化名，为了掩盖受访者的身份，对他们的某些方面（比如正式称呼）做了改动。本书谈论到的所有个人都是接受了保密访谈的真人。

要是有人来访，她常常是不情愿接待的，因为要干的事情太多了。她认识的农民在需要帮忙的时候会互相帮忙，但他们通常特别独立自主，不会求人帮忙。她说，镇上的富人和穷人正在日益分裂。镇民们不想承认这里也有穷人。她觉得，人口可以增长，但没人愿意改变现状，"不少人都不喜欢有人搬过来"。

尽管如此，她还是很热爱美地镇。这里是她的社区、她的家。她一辈子都住在这里，了解它的历史，而且为她祖上也有份参与这一历史感到很自豪。她对农田了如指掌，懂得在操作拖拉机时要注意哪些事项才不至于深陷泥潭。她喜欢周围土地的自然美景、绿色的田野、成熟的麦子、路边草场上的野花。"说到这些我就有点感伤，"她说。接着，为了转换心情，她笑笑说："就踏踏实实待着呗。"

像米克斯太太这样的老居民会羡慕那些过上了新生活、见了更多世面的人（比如她的妹妹）。但是，美地镇对于她的意义与她的自我认同感、价值感是密不可分的。她对于美地镇有一种主人翁的精神，因为她知道自己家的历史与这个镇子的历史是紧密相连的。即使她住到其他地方，这个历史依然会跟随着她；但在美地镇，这就是她能够讲述的故事（事实上也反复讲述过），她的亲戚邻居也有着类似的故事，或者哪怕没有，也会对这样的故事感兴趣。

米克斯家与美地镇的联系中有一点是明显的：米克斯太

太耕种的土地属于她的母亲。他们曾经有几次考虑放弃务农，因为劳作辛苦、收益太少。但米克斯太太的母亲总是以家人为重，她觉得自己也应该这么做。她希望在母亲需要她时，她离得近一些。

我们在美地镇访谈的其他人对于自身与社区的关系表达了类似的感想。镇上的居民更喜欢与邻居交往。住在农场和附近村子里的人把美地镇当成大社区的核心。像米克斯家一样，大多数人说需要两个人工作才能维持一家人的生计。这意味着有人（通常是妻子）要通勤三五十公里去更大的镇子上工作。他们与邻居闲聊的时间比较少，就这一点看，他们跟同事倒反而更有共同点。社区在整体上有家的感觉，但外围已经出现了裂痕。

第二个例子将我们带到了新英格兰的一个小镇，我把它叫作新堡（Newborough）。它的面积只有美地镇的四分之一，居民的社区感更为亲密。18世纪初期，新堡镇的周边地区就有人居住了，一个世纪后该镇成为建制镇。该镇人口早期经历过一次猛增，之后在一个多世纪里保持着稳定；但近几年，在一家雇用了400人的工厂搬迁后，该镇人口减少了。新堡镇是县政府驻地，全县人口大约有30 000人。该县较小的村庄数量和人口也在减少。

新堡镇的天然美景是其最为显著的优点。虽说它同大多数小地方一样都得忍受过多的电线杆、空中电缆以及只有当地人才懂得欣赏的破败商店（大多数小镇都是这样），但它周围的山丘是让人心旷神怡的。社区的第一批居民认为这是农耕的理想地点。山谷洼地深而肥沃，土壤适合种植小麦和玉米。群山让谷地免于新英格兰严冬的侵袭。多年来，谷地中的农场越来越多地转向了乳业，高高的筒仓、白色的大谷仓镶嵌在地貌景观中。新堡镇的乳业农场为海滨城市供应了牛奶和奶酪。不幸的是，山谷中的河流使得该地区面临洪灾危险。几年前，整个山谷遭受了几个星期的涝灾，很多农民因此而破产。

肯尼斯·萨默斯是挨过了这一劫的农民。他从小就开始干农活，如今年过半百。他衣如其人，穿着蓝色牛仔裤、格子衬衫，头上反戴着一顶球帽。他和家人擅于种养夏季蔬果、温室鲜花，长于烘焙食品。游客在周末纷纷前往他们的农场，品尝现摘的农产品，呼吸乡野空气。

萨默斯先生认为，住在这个社区的大多数人"觉得自己住在一个很特别的地方"。他说，这里景色优美，充满历史底蕴，农场也很有特色。小路上大多是历经好几代的两层农舍，偶尔会出现一座风雨桥。镇上的古旧灯杆在夏天会有花篮装点，主街上的商店和漂亮的殖民风格建筑被改造成律师事务所、银行分部、保险公司以及古董店，一切都在刻意维持新英格兰的魅力。对于萨默斯先生而言，"这里特别有家的感觉"。

他说，这里有家的感觉，是因为你在主街上漫步时跟遇到的所有人几乎都能保持眼神交流。好似你认识他们，这很特别。去邮局可能要花比较久的时间，因为路上需要停下来聊天四五次。但在理想情况下，你并不太赶时间，能享受这些聊天。你的生活节奏可以是比较慢的。"我想改变什么吗？不想。我们离城市有些远，我喜欢这一点。要是能改变什么的话，我可能希望减少外部世界对这里日常生活的影响吧。"

"我大概要解释一下这话的意思。"他补充道。他的意思是，没错，山谷里的生活跟外部世界不免会有联系。交通、运输、通讯为这些联系提供了渠道，也影响着山谷里的生活。然而，他最喜欢的还是没有改变的那部分。"我现在从农场往窗外看，除了道路上有些新的汽车和卡车，我可能会看到1910年、1940年、1970年、1980年存在过的风景。"他承认，农田里可能种了新的作物，某人家的房子可能换了面貌。"但山还在，我从小干活的农田也还在。"

正是这种稳定感、熟悉感最能代表许多人声称自己社区让人喜欢的地方。他们喜欢在邮局看到的熟面孔，而且他们尤其依恋这个*地方*。哪怕新堡镇周围的群山如此美丽动人，这里也不仅仅是一个物理位置。这里是生活进行的地方、往事发生的地方——是在谷仓后抽第一支香烟的地方，是奶奶张罗户外野餐的后院；而在萨默斯先生的例子里，则是他从小干活的农田。

有这种想法的不止他一个人。我们在新堡镇访谈过的人几乎都表达了类似的想法。有些人跟萨默斯先生一样，自家在该社区的世系可以上溯好几代；有些人是城市来的移民，来追寻更简单、更悠闲、更安静的生活，追寻一个代代传承不变的所在。除了周围的环境，他们喜欢新英格兰人吃苦耐劳、独立自主的精神，这种精神似乎比在大地方更显真实。他们觉得，尽力依靠自身的资源（帮助自己和邻居）比依靠法律、基金以及来自远方、对美国乡村缺乏了解的项目更好。确实，社会服务机构帮助了社区里的穷人，而邻里、教会也助了一臂之力，而且这种资助是因地制宜的。还有，没错，新堡这种小镇上的学校可能很小，但这不比一个没有人情味、孩子们可能会在一片混乱中迷失自我的大学校更好？他们若有所思地说，在城市或者人口多的地方可能管用的方法，难以想象在乡村社区会奏效。

但同样难以想象的是新堡镇会跟以前一样自给自足。主街也许是挺漂亮的，但是老一辈的居民记得有酒店、服装店、廉价商店、报纸摊、食品店，这些已经不在了。牛奶价格特别低迷，导致设备维护商也难以为继。对他们来说，小镇似乎比以往更加沉寂了。我们访谈的几位居民说，社区正在艰难地对自己进行某种重新定位。改变是不可避免的，而且，尽管不愿意去想，他们也知道镇子只能适应美国不断发生的变化。

第三个例子是一个我称之为"湾谷"（Gulfdale）的社区，

因为它位于墨西哥湾附近。湾谷镇是一个大约有3 000人、大多数是白人的社区，是县政府所在地；所在县的人口约40 000人；居民住在农场或几个非建制的村庄里，或者在镇上工作，或者通勤一小时去海滨的造船厂、炼油厂上班。跟许多小镇的规模相比，湾谷镇发展得相当不错。自从1980年以来，它的人口一直保持稳定。它有一家社区医院、中小学校以及一间人满为患的管教所。社区公园打理得当，图书馆人员齐备，县政府大楼维护精良。教堂有十几座，餐厅的数量也差不多有十几个。湾谷镇四周围绕着光秃秃的柏树、高大的白松以及绵延的群山，散发出南方的韵味——人们说，这里有一种"恰到好处的美"。

但是，从南面进入镇里，沿着支路一直走到主街，不难发现湾谷镇已经今不如昔。20世纪50年代的建筑一半在闲置，一半在使用。除了偶尔会有一辆敞篷货车，停车场里空荡荡的。门窗紧闭的工厂正是失业率两倍于全国平均水平的原因。

"镇中心跟30年前没有太大变化。镇子边上有几家商店整修过，但就这样了。"说这话的是杰弗森·卡希尔，一位年过六旬的圆脸胖男人，有一头梳理得极漂亮的白发。戴上眼镜，再留个山羊胡，他可以冒充肯德基的创始人山德士上校了。自从20世纪70年代起，卡希尔先生就经营着镇子外沿的一家食品店，而且被选进镇委会，已任职几年了。

卡希尔先生说，镇子跟以前没太大变化，因为镇上许多居民不喜欢新思想进来，不希望镇子发生改变。事实上，他们已经反对了几个会带来新业务的项目。他说，生活在湾谷镇就像回到过去一样。生活节奏是缓慢的，居民们喜欢坐在门前的走廊上，有安全感。不锁门关窗也没关系。你觉得人与人之间是有联系的。你认识跟你做生意的人。你去教堂时，周周、年年看到的都是同样的人。

主街上的两座教堂已经存在了一个多世纪了。两个教堂的境况都不错。其中一位辛普森牧师说，整个社区对上帝都很虔诚。每年的圣诞游行是社区最隆重的年度庆典。他说，知道社区能这样公开庆祝圣诞而不是非要追求政治正确，这一点让他很欣慰。每年夏天，社区会在公园里举办基督福音音乐会，他对这一点也很赞赏。在其他不少地方上帝受到了冷落，这一点让他不痛快。他说，湾谷人不希望改变生活方式。而且大家会监督你，他们都了解情况。"在这样的社区，规矩就是这样的。这不是坏事，它不会让你干蠢事，不会让你冒险做不该做的事，保持了和谐的局面。"

"和谐"？这些话语在大多数小镇有特别的意思，需要花点时间去理解。在湾谷镇，"和谐"有几方面的意思。它意味着举止得当、平心静气，要有南方白人中产阶级的格调，而不是在"某种人"身上以及造船厂主身上可能会看到的粗鲁放肆的举动。"和谐"也用作社区权力结构的委婉称呼，它保持着某种相持的局面，以防建筑业、公用事业等机构占上风。当湾谷人宣称希望保持原样时，他们有时候的意思只是说，情况可能会变得更糟。

不过，无论他们喜欢与否，湾谷镇都在发生变化。商店不像以往那样在周六下午关门，现在周日也营业。从1920年开始，该县就有禁酒令。在最近一次公投中，县民们终于废除了这个禁令。社区里新来的家庭似乎来自不同的文化背景的地方。老家伙们说，他们好像融入不了环境。他们会不会一直都融入不了，也很难说。

在镇委会效力的卡希尔先生致力于跟社区各处的人沟通，倾听他们的忧虑。种族关系？是，社区取得了进步。工作？嗯，失业率挺高，但最困难的人口中有五分之一"得到了某种补贴"。这是不是他们应得的他不好说，但这不是社区最大的烦心事。

他说，最大的问题是，由于联邦法律的许可，湾谷镇在五六年前建造了一个50个单元的联邦住宅项目。这太过分了！"在这样的住宅项目里，人人都能得到租房补贴，'麻烦群体'就这样混进来了。"他说，曾经出现过一个状况，同一个单元里起码住了14个人，"这样真的很难排除掉麻烦的群体"。

对于该社区占大多数的白人中产阶级来说，幸运的是，那个联邦住宅项目位于镇上的另一个角落，远离大部分的高档住宅。就该社区的那一部分而言，湾谷镇大体上是个宜居的地方。最近一项区划法规生效，将房车公园限制在规定的区域。镇上三个最大的教堂情况都不错，即使很少合作，它们确实保证圣诞庆典、夏季福音音乐会得以举办。

无论是对"麻烦群体"的恐惧心理，还是基督徒天下一家的包容心态，我们在湾谷镇访谈的居民确实热爱着自己的社区。他们喜欢生活可控的感觉，坚持认为在城市做不到这一点。他们喜欢和朋友、邻居相约咖啡馆闲聊，离开时确信彼此价值观相同，也知道如果政见不同，礼貌的做法是避而不谈，特别是有争议的政治话题。更重要的是，他们自豪于南方人的待客之道并善于付诸实施。它意味着不认识你的人也会向你招手、跟你打招呼。它意味着要回报以相同的热情。在湾谷镇这么做是不奇怪的。这只是在用一种方式表示"我们喜欢你，你很重要"。

此地为家

这些例子里的许多细节并不稀奇。无论住在城市、城郊，还是小镇，我们对乡村地区常有的刻板印象是耳熟能详的：节奏慢、友好、念旧、拒绝改变。但我们需要深入探究这些特点，了解它们的意义和重要性。去邮局路上看到别人为什么很重要？别人知道你在做的事情为什么有好处？刻板印象通常是传递了一些真相的，这些也不例外。

首先要考虑到，乡村社区在居民心目中的印象是，它有种家的感觉。个中原因可能是他们在那里住久了。这种可能性的一个表现是，乡村成年人（年龄在18岁及以上）的年龄中位数比城市的高出六岁——51岁比45岁。[1]还有一个表现是，调查证据显示，80%的乡村居民在小镇或乡村地区（但未必是他们目前居住的地方）长大。[2]

另一个相关的原因是，在乡村占多数的州，居民留在原籍所在州的可能性比城市州的居民要大。尤其是没有大学文凭的人留居的比例要比城市人高。在非大城市的大学毕业生中，37%的人在毕业时就已经搬到出生地所在州以外的地方了，而且他们到40岁时这一比例会稳步上升到45%。而无大学文凭者的模式是不同的。30%的人在23岁时住在出生地所在州之外，这个比例在下一个10年间只上涨到了33%，之后就维持在了这个比例。他们未必一直在同一个社区，但这种模式表明地域间的流动较低。

他们多数待在原地的原因是复杂的。有些人跟农场、小企业、亲人有牵绊。有些人离开了又回来了，也许是因为适

[1] U.S. Census Bureau, "Our Changing Landscape," *Measuring America*, December 8, 2016, www.census.gov.

[2] Robert Wuthnow, *Small-town America Finding Community, Shaping the Future* (Princeton, NJ: Princeton University Press, 2013), 54.

应不了其他地方。有些人从来没想过离开。留下的人绝不是认为此地月亮比外地圆，有些人承认，把他们拴在原地的是配偶或者父母。不过，大体而言，他们不但习惯了自己生活的地方，而且找到了愿意留下的充分说辞。

他们喜欢住在小社区里的亲切感。交通很简单。花儿分钟就能走到或者开车到商店里。不单是很快能到，而且你熟悉它们的位置，不费脑筋就能到达。你也懂得沟通的窍门，因为你理解本地俚语。比如，罗斯科（Roscoe）*是什么东西？某个社区的人可能知道，其他社区就不知道。人们对于熟悉的场景和味道甚至会产生习惯性的身体记忆，正如一位男士讲述他住在美地镇郊外能够闻到附近新割的干草香，一位女士表示她在自家乡村社区比在城市里呼吸起来都舒服些。

一个人在某个地方住得越久，那里就越有家的感觉。然而，在乡村社区的归属感有另一个更为微妙的动因。许多住在本社区不到20年的人说他们还是没有太大的归属感。小镇并不完全是老人社会，但感觉上像是这么回事。老家伙们定下规矩，新人要是想融入环境就必须接受。这也是这些规矩变化特别慢的原因之一。惰性占了上风。貌似正确的东西正是那些貌似正确了很久的东西。

如何去交流这些惯例？去邮局的路上跟别人聊天就是一

---

* 罗斯科，意为"左轮手枪"，代指犯罪活动。

种交流。年年在教堂跟同样的人打招呼，参与学校事务，参加农场局的会议，这也是交流。假设在邮局的聊天是这样的："我那天在合作社跟米尔德里德聊天，她说你女儿要结婚了！"你跟米尔德里德并不太熟，因此你也许稍微有些惊讶。但因为你住在这个镇上，你就不会那么惊讶。这次会面提醒你，你在镇上认识的人也认识镇上的其他人，他们会在你不在场时谈论你和你的家人。这不仅仅证明小镇八卦多，而且也说明了，即便在你感觉不到的时候，你的生活也在供人参观。要是你希望融入环境，怎么做、怎么说是很重要的。

再举一个例子。你在去邮局的路上遇到一个不认识的人，但你还是知道该怎么办。要是他们的穿着举止具有某种特点，你就知道他们是其他地方来的。你不会直视他们，但你会在邮局问别人那个陌生人是谁。要是他们看你的样子仿佛是认识你一样，你也必须表现得仿佛是认识他们一样。你知道在自己的社区里说"早""嗨""今天天气不错吧"之类的话是不是合适的反应。类似地，你知道在开车路上遇到某人时恰当的打招呼方式是哪一种：把胳膊伸到窗外、在车里挥手、手放在方向盘上举两个手指示意、按喇叭，或许以上都不是。

你听说米尔德里德知道你女儿要结婚的这一谈话指向了乡村社区礼仪中的一个更严肃的方面。如果婚礼日期已经定了，恰当的反应是跟你的谈话对象说，你很乐意邀请他们来参加婚礼。那位谈话对象的回答应该是，"好啊，我很愿意来，我能帮你们做什么？"这种互动是一种细微但又重要的暗示，它说明，生活在乡村社区势必是要承担道德义务的。也许有一些可以减轻责任的情形，比如你们不在同一个教会、不属于同一个亲缘关系网，你就不用非要主动提出为这次婚礼帮忙或接受别人的帮忙。如果你的邻居住院了，减轻义务的情形就不存在了。当一个好邻居意味着你要上门拜访，主动提出帮忙收邮件，或者带去一盘盖好的菜。如果你的邻居是农民，你和其他邻居就应该帮忙干活，把玉米收割完。

人人都认识

在乡村社区最常听到的两句话是："这里大家彼此都认识"，"这里的人基本上都一样"。稍作思考就知道，这两句话其实都不准确。在一个仅有 1 000 人的小镇上，你都不可能认识所有人；要是都认识的话，那么你的熟人比大多数人在其他情况下声称认识的人或在脸书上加的"好友"都要多得多了。"都一样"同样不符合逻辑。跟其他地方一样，小地方的人在兴趣、职业以及生活方式上各有不同。

小镇居民有板有眼地声称自己认识镇上所有人，原因来自我提过的两个惯例。其一，你在人行道上遇到一个不相识的人，你们也会表现得仿佛是认识一样，你因此会觉得你们可能是认识的，或者哪怕不认识，你们起码都知道要假装认识的规矩（一位新堡镇老居民表示，"无论如何都要跟他们说话"）。其二是在合作社的那位米尔德里德。你不认识米尔德里德，但你刚得知她知道你女儿要结婚的事，于是在这种情况下，既然她对你有所了解，也许你就应该把她看作相识的人。

如此，人人都相识的感觉就等于是同属一个社区的声明，而不是对社交网络规模的真实估量。只要稍作修改，人类学家本尼迪克特·安德森（Benedict Anderson，1936—2015）对于民族的著名论断同样适用于乡村小镇。安德森说，社区是*想象出来*的，"因为，哪怕是最小的（社区）里的成员绝不可能都认识、都见过甚至都听说过其他（所有）成员，但在每个人的心目中都存在着共同交流的图景"。[1]

即使事实上不是所有人都互相认识，一个小型社区里任何两人互相认识的概率也比大地方的来得高。在镇上的学校上学并且依然生活在本镇的居民，可能从小就互相认识。乡村居民通常是生活在同一社区中的大家庭、姻亲家庭中的一员。同样，如果你希望跟别人保持良好的商业关系，了解他们也很重要。地方上的惯例是，如果你在银行跟办事员聊上那么几分钟，就有望得到更好的服务。对修理洗衣机的人也是如此，下次有电器坏了，你可能还会打电话找这个人。

---

[1] Benedict Anderson, *Imagined Communities: Reflections on the Origin and Spread of Nationalism* (New York: Verso, 1983), 6.

　　这不单单是做事的方法，也是出于礼貌的考虑。新堡镇的一位上班族就很好地解释了在一个地方年年见到的人都一样意味着什么。"你不希望冒犯他们，所以哪怕你有不同意见，也会一笑了之。你在日常办事时，在各种社区活动上会跟他们见面。不太要紧的事就不要计较了。"

　　假如考虑到收入多样性的衡量标准，小型社区的居民都一样的说法显然是不正确的。在少于25 000人的小镇，两个家庭的收入位于同一区间的可能性略高于规模更大的镇。不过，只有少于1 000人的迷你小镇才是真正的例外。根据另一个考量标准，小镇和城市的多样性相对而言甚至更为相似。当进行全国住户调查的访谈员被要求从"远高于平均水平"到"远低于平均水平"对受访者家庭进行排列时，小镇、城郊、城市的排名情况几乎是一样的。如果访谈员的排名跟这些社区里的居民平常考虑的同一个证据有相似之处的话，就意味着这些居民知道社区里的家庭是大不相同的。确实，很少有富豪生活在小镇上。但在25 000人以下的小镇，最上层1%的家庭平均收入是中位值的五倍，而25%的家庭收入低于平均值的一半。[1]

---

[1]　Wuthnow, *Small-town America*, 18-19, 48; U.S. Census Bureau, 2010, residents of incorporated places and New England towns; household income data drawn from the merged 2005 to 2009 American Community Surveys, http: //www. socialexplorer.com.

在当地环境中，最显著的差异在于居民从事的工作以及与其工作相对应的生活方式。在我研究的小镇，居民把自己和邻居划分为几个宽泛的群体。位于顶端的是承包商或者大农场管理者，拥有大片土地、大企业，或者是医生、律师等高薪工作的"上流阶层"。本镇人觉得他们是有钱人，他们住昂贵的房子、度昂贵的假期，是乡村俱乐部的成员（如果有这种俱乐部的话），而且大多拥有一艘游艇或者一栋度假屋。在大多数社区里，属于这一类别的家庭少于5%。

按照社区声望和生活方式，接下来轮到"服务阶层"。他们是从事会计师、银行经理、教师、注册护士、管理人员、政府官员等工作的职员。乡村社区大约20%的民用劳动力受雇为教师、学校管理人员以及各类医疗保健职业。另有15%从事各种公共管理、金融管理、保险等职业。他们通常比上流阶层更有流动性，后者的土地和企业使他们留在原地。服务阶层选择住在小镇通常是因为家庭关系或者出于对本地区的热爱。

组成第三类人群的是"工薪阶层"。跟服务阶层不同，他们很少有人上过大学。他们在肉类加工厂、炼油厂、矿场、管道场站、饲养场、商品蔬菜农场、建筑工地工作，或者是服务员、电话销售员、保险理赔员、助教、护理助手、厨师、校车驾驶员、看守员等。这些小镇大约有15%的民用劳动力从事制造业，8%从事建筑业，6%从事货运快递业，另有

15%左右在零售商店和办事机构工作。

第四类人群是"养老金阶层",他们在乡村社区人口中占了大概20%。他们已经退休或接近退休,通常靠很微薄的退休收入、投资收入、养老金及社会保障生活。很多人有子女或孙辈在本地区,后辈会提供帮助,在有些案例中还提供了金钱资助。很多人生活在为老年居民定制的低收入住宅或生活协助机构、养老院里。社区规模越小,65岁以上人口的比例就越大。

除了前面提到的,乡村社区还有10%—20%的居民生活在贫困线之下。他们包括:收入低于最低工资的、暂时失业的、从事季节性劳动的工薪阶层;老年人;残疾人或致残疾病患者;领取公共援助的家庭;接受亲属帮助的家庭;来自城市、在不合标准的废弃住宅居住的家庭。在有些社区,很多人是新近的移民。

站在大城市的有利位置看问题的局外人大概会说,归根结底,乡村社区大致上是同质化的,至少就种族、民族多样性不够丰富而言是这样的。但是,对于乡村社区的居民来说,他们直接体会到的多样性才是重要的,特别是那些划分人群的显著区别,比如他们从事的工作,享有的生活水平,以及是住在小镇边缘上的豪宅还是住在破败地区的低廉租屋里。

这样的话,"这里人人都一样"的说法并不准确,但因为多个原因,小型社区的居民还是能维持人人都一样的假象。

一个原因是，上流阶层的生活方式通常不会挥霍钱财——或者说他们会想方设法地对自己的财富不以为然。比如，我们采访的一位富有的农场主开着一辆破旧的皮卡，而且自己干农活。一位住高档房的医生尽量避免其他的高调消费，而是开普通的车子，去镇外采购昂贵商品。第二个原因是，我们采访的上流人士不少人强调要与本镇其他居民在平等的基础上交流，而相应地后者也很认同这一点。比如，我们访谈的一位工薪人士说他尊重镇上的一位有钱人，因为这位先生在咖啡馆里会跟他坐在一起，像普通人一样聊天。

人们觉得平等的第三个原因是，蓝领职业和白领职业之间的区别并不明显。比如，从事体力劳动的农民、建筑工人所赚收入常常跟上班族不相上下。他们中有些人还上过大学，而有些白领企业主、管理人员却没上过大学。女性从事的职业同样也混杂了各个阶层。比如，我们采访的一位在零售商店工作的女士说她必须穿高档服饰，但收入可能还没有一些资深的上班族高。最后一点，小地方的社交机会有限，迫使人们平等地交往。他们去同一个教堂，送孩子去同一个学校，在同一个商店购物。

按照乡村社区居民的看法，这些交往的机会正是把他们跟城市、城郊居民区别开来的好处之一。他们说，生活在大地方，要是愿意就可以远离那些跟自己不一样的人，但在乡村社区就做不到；他们认为这就意味着，人无论同不同都要一视同仁。正如萨默斯先生所说："在小镇上，地方实在太小了，各种人都得面对，好吗？"

这些原因导致了人虽有不同却有同舟共济的感觉，有助于形成社区归属感。就像家庭一样，家人各有不同，却有着共同的纽带。生活在同一个地方，在某些方面拥有共同的命运，这些共同点使他们把社区看成一个共享的实体。

不过，小镇居民所感受到的亲密无间也有黑暗的一面。就像家族群体一样，"我们"和"他们"的感觉很强烈。对于"我们"来说，人人都相识、人人都一样是因为"我们"排除了"他们"。被排除的人不属于这里，他们是有着不同祖先、不太能融入环境的新来者，被小镇居民认为是在吃福利、大概也不干好事的穷人，名字出现在警方通报里的青少年。

这种排斥在小镇并不新鲜。在18世纪，新堡镇这样的新英格兰小镇会驱赶那些无法自食其力、小偷小摸、未婚先孕的流动人员。湾谷镇这样的南方小镇会让非裔美国人隔离居住。美地镇则是西部诸多单一民族聚居的社区之一。

我们访谈的小镇居民喜欢把自己的社区描绘成一个快乐大家庭，但他们的评论暴露了这种包容性的局限。"你参加了4H俱乐部（4-H）*或者美国未来农场主协会吗？"我们问一位

---

* 4H俱乐部，出自英文head、heart、hands、health四个词的首字母，20世纪初起源美国，后传入加拿大。该组织早期主要为乡村青年学习科学知识、提高技术本领、发展物质精神文明、提供精神寄托，对乡村的稳定繁荣起到了积极的作用。

受访的中西部居民。"没有，"他回答，"他们不会让墨西哥人加入的！他们管我叫墨西哥佬、拉美佬、西班牙佬。"他补充道，"所幸没把我家房子给烧掉"。

一位德裔美国农场主告诉我们，他是乐意雇佣一些拉丁裔工人的，前提是他们要信得过，但他感觉信不过。他们说不定会弄坏东西或者惹上麻烦。他购买了一辆巨型拖拉机，自己揽下所有活计。"他们来就是为了吃白食的，"他说，"我们必须在边界上拦住他们。"

在一个拉丁裔人占到近50%的小镇上，一位供应果蔬的农民为自己社区的多样性感到自豪，并承认他农场上的苹果、樱桃有赖于拉丁裔劳动力。但他也认为，应该进一步采取措施阻拦拉美人。他说，必须在边界上拦住他们。

社会科学学者把这种排斥称为"他者化"，其表现各有不同，从负面的刻板印象到公然歧视都有。绝非所有美国乡村人都参与其中，但这也是我的采访对象保持认同感的方式之一。当他们说他们认识的人都一样时，在无意间透露了更多的内情。

社区精神

乡村社区精神比较轻松的一面是各种各样的仪式、象征符号、故事以及人们共同遵守的不成文惯例和约定。我研究的所有小镇都有社区仪式。就像卡希尔先生提到的，湾谷镇的圣诞游行是它的年度仪式。湾谷镇12月的天气通常比较温暖，镇上以及周围村庄的居民能够成群结队地前来观看、参与。其他小镇举办庆祝季节或者回顾本镇民族传统的仪式有时候会持续几天甚至一整个星期。有的社区是番茄节，有的是山茱萸节，有的是啤酒节，还有的是故乡纪念周。有些活动跟校友橄榄球比赛或者全县博览会共同举办。活动内容既有吃馅饼比赛、拖拉机牵引比赛，也有谷仓舞会、户外音乐会。

　　社会学家兰德尔·柯林斯（Randall Collins）表示，这些仪式在很多方面对塑造社区精神起到了作用。从而让居民走出家门，有机会与平常可能见不到的社区成员进行互动，并且是在不太拘谨的喜庆气氛下进行的。柯林斯声称，大家共同亲身参与活动，促使他们心照不宣地意识到那些被共同遵守的社交惯例。另外，共同参与也有助于激发情感共鸣，这些情感在其他情境里可能更难表达。这里面有某种随意性，但它依然反映了人们在以往场合中学会的该做的事、该说的话。[1]

　　乡村节庆活动使得居民更强烈地感觉到自己生活在一个独一无二的地方，正如职业橄榄球队、知名交响乐团、著名地标对于城市的意义一样。自己的社区因为有最大的毛线球

---

[1]　Randall Collins, *Interaction Ritual Chains* (Princeton, NJ: Princeton University Press, 2005).

或是最彩色的瓷兔闻名，小镇居民都听得出其中的幽默意味，但即便是搞笑的东西也能给他们一些谈资。

乡村地区居民讲述的关于本社区的故事分为两个门类。其中之一是构成本镇或本县历史的官方故事。过去小社区有报纸的时候，这些历史故事通常会随着本社区成立的主要纪念日同时刊发。如今很多故事保存在了当地网站上。我访问的各种规模的小镇大都有历史中心或者收藏了本地大事记的图书馆，有几个小镇还有一些自告奋勇的本地历史学者经常听从召唤，为公众办讲座。也许是因为可做的事情太少了吧，小镇居民甚至会有相当多的人去参观本地历史中心，再听一遍本镇的历史。举例来说，新堡镇的本地历史学者（一对70岁出头的夫妻）有一段烂熟于心的解说词，已经讲了很多次，而且愿意一讲再讲。

本社区故事的另一门类包含了被城市人叫作都市传奇的东西。很多故事都是杜撰的，比如湖里抓到过一条超级大鱼，或者某次人们看到了飞碟。但不少故事却不是杜撰的。最常见的是关于好人好事的叙述。比如，我们在新堡镇访谈的一个人回忆了当地几年前的"一次恐怖暴风雪"。"我有一台挺不错的吹雪机，大都挺管用的，但那次暴风雪太凶猛了，它应付不了。哎呀，街对面的一个伙计有一辆特别大的园艺拖拉机，机子前面有个巨大的吹雪机。他把整条街的雪都给吹了，各家门前的人行道，各家门前的车道。瞧，这才是好邻居！"

把社区规划会议也划在仪式的范围里，但是小镇居民常常会这样形容这种会议在某种意义上是仪式的延伸。例如，新堡镇的市政官员几年前意识到旅游可以成为社区活力的源泉。该地的山里有些洞穴，在秋天这些山能吸引游客。困难在于需要做一些核心规划。为此成立了工作组，而工作组在实践中发现，这些规划会议本身让大家凝聚在一起，激发了社区精神。

除了故事和仪式，象征符号在乡村地区也是社区精神的重要组成部分。对于局外人而言，乡村社区的建筑大多乏善可陈，但它们仍然代表了社区的特色。在美地镇，接近屋顶处装裱了镇名的大谷仓就有着这样的作用；在湾谷镇，则是历史悠久的县政府大楼。在其他社区，社区的特色体现在由仓库改造的博物馆、修复过的本镇首任镇长故居、"美化"主街老建筑的社区项目。

镇上最受景仰的建筑通常是校园。这类建筑也许风光已经不再，或者在其他一些案例中体现为最近一次重大投资的结果。不管是哪种情况，校园都是许多小镇居民小时候共同上学的地方，也是父母们共同出席教师会议、家长会、乐队和合唱团年度音乐会以及体育比赛的地方。

体育比赛也是给人刻板印象的小镇特色。大批人前去观看橄榄球、篮球比赛，一支具有影响力的球队代表了社区，赛季获胜会使得社区自豪感爆棚，赛季失利会让社区一蹶不振。不过，乡村社区并没有这种刻板印象所说的那样狭隘。那里的人也喜欢外出旅行。有实力的人会去巴黎、纽约、旧金山，在那里听音乐会、看剧、参观博物馆。"如果你喜欢中学的体育运动，"一位居民叹息道，"这里就是很棒的地方，但说到音乐会、来这里的艺术家、系列讲座之类，我们就是没有这些东西。"

中产阶级

我在这一章讲述的例子表明，乡村地区的居民看待自己的社区在相当大的程度上跟看待自己的家是一样的。社区就是家，因为他们认识别人（或者感觉认识），跟他们的互动足够频繁，感觉可以信任他们。诚然，他们认识的人比他们或年长或年轻，健康状况比他们或好或坏，有在上学的孩子或者孩子已经长大离开，从事不同的职业或者是家庭主妇或者已经退休。但是，因为他们生活的这个地方，因为这个地方在他们心目中的意义，他们依然会相亲相爱。虽然利益诉求各有不同，但他们熟悉社区的惯例，无需多虑就会加以遵守。社区认同感通过他们讲述的故事、参与的活动得到公开确认。

没有哪个社区达到过所谓大家庭的理想状态，它并不比小家庭的作用大。我把它们称作道德共同体并不是想美化它们。我研究的社区里也有人很少与邻居互动，而且宁愿不互动。社区是他们继续前进之前的停靠站。显然，那些说认识镇上所有人的人并不认识所有人，那些说大家都一样的人也是没有看到差异。

不过，在对乡村社区持悲观态度之前，值得花一点时间反思，会发现他们表达的生活方式离一直以来被认为的美国中产阶级特征并不遥远。除了小型社区比较小之外，他们所拥护的惯例适用于包括蓝领、白领职业在内的很大一部分人。这些惯例鼓励平等待人（至少是跟你类似的人）、了解别人、奖励辛勤劳动以及承担个人责任。成为社区的一分子意味着要足够关心它，希望它得到保护。就这些方面而言，乡村社区是美国中产阶级文化的一部分，而很多观察家说，当前一些公然牺牲普通人的利益、利于富人的政策正在危及这种文化。

总而言之，道德共同体包含了一个地理空间、一群自认为是社区一分子的人、这群人之间的广泛社交互动、一个包括了正式与非正式领导层的体制结构、一种将局内人与局外人区别开来的界限感、确认这种界限感特性的故事和仪式，以及在言行上强化关于人对于自己、邻居、社区义务的共同惯例的日常实践。[1] 在这些方面的道德共同体，就社区成员习

---

[1] 这一归纳依据 Suzanne Keller, *Community: Pursuing the Dream, Living the Reality* (Princeton, NJ: Princeton University Press, 2003)。

以为常的期望而言，它具有鼓舞作用；然而同时，就它提倡及反对的信仰和行动而言，它又具有限制作用。如此理解乡村社区的重要意义在于，生活于其中的人们并非是单凭个人经济利益或个人焦虑就事务、选举做出决定的个体。他们生活其中的社区也影响了他们，定义了他们判断是非对错依据的道德结构。因此，非常重要的是，人们要觉察到（可能正确也可能不正确），坚守自己生活方式的社区正在遭遇危机。

2

当前的危机

PRESENT DANGERS

| 当前的危机
PRESENT DANGERS

乡村人关于社区的叙述表明，他们面临的问题是因地而异的。当然，有些问题对不少地区的乡村人口产生影响，这从政府的统计数据中可见一斑。但当加上人们所讲述的自身经历后，你会看到情况的另一面。许多问题人们以前就面对过，他们自我缓解的方法总是不尽如人意的——再等一年粉刷房子、去麦当劳吃饭、开车去远处看病，这些都是导致美国乡村焦虑涌动的原因。此外，乡村社区问题（甚至包括人们觉得不太严重的问题）与日俱增的影响常常暴露出一种担忧：他们熟悉并且珍视的生活方式正遭遇危机。要掌握这些社区的现状，就需要逐一理解这些问题（统计数据显示和未显示的具体问题、关于生活方式的担忧）。

2016年总统选举后，城乡差异的统计报告吸引了众人的兴趣。许多数据表明了乡村居民住在人口稀少的县或镇的不利之处。如果你住在这类地方，你的社区可能正在缩小，而城市人口正在增长，这就说明有人正在离开你的社区，搬到了城市或城郊；城市和城郊正在吸引移民，你的社区却没有。除此之外，像你这样的乡村，居民年龄偏大、教育程度较低；即便年纪不大，教育程度还是比较低的。更有甚者，在你的社区，少女怀孕率比城市地区高出了很多。而且，即使乡村在全国面积中占比很大，而在政治又有不相匹配的影响力，但乡村对全国经济的贡献比城市要少得多。

上过中学或者大学社会研究课的人看到这些差异都会觉得似曾相识。1810年，美国人口中95%都是乡村人口；1910年，是55%；到了2010年这个数字降到了只有20%。学生在分析这些数据时不难理解其中隐含的意思。城市化是现在以及过去的重要社会趋势。城市、城郊是行动发生的地方，乡村社区则落后了。

这些城乡对比虽然有意思，但其重要性则更多地取决于各地的具体表现，而不是全国概况。例如，乡村人口相对于城市人口在减少就忽略了这一点：就绝对值来说，许多乡村社区的人口是在增长的，有些社区是保持稳定，而有些是在严重减少。因此，生活在不同社区里的居民感受是不太一样的。你在跟人们交谈时会发现，感受跟原始数据是同等重要的，甚至比数据更加重要。

统计数据还掩盖了一些人口统计学家知道应予考虑的重要问题。首先，美国人口调查局改变了"乡村"和"城市"定义，使得长期性的对比有时具有误导性。其次，有些乡村县的人口增长到够格或者差不多够格升格为城市，被重新归类为城市地区，这就使得那些依然是乡村的地区增长可能性更小。再次，人口绝对值减少是一系列因地而异的因素导致，包括自然增长率、迁入人口、迁出人口。

尽管需要考虑这些因素，人口保持不变或减少是许多乡村县镇在最近25年甚至更长的时间里所面临的现实。无论有人说喜欢住在人口零增长的小地方（确实有不少地方是这样），还是希望自己的社区扩大一些，对你在美国乡村遇到的许多人来说，人口减少都是让人焦虑的。他们知道，这种情况可能预示着工作机会减少、税收收入减少、当地企业更难维持经营。

人口减少

乡村社区人口减少最重要的原因是天灾人祸。例如，俄克拉何马州小镇皮彻（Picher）在2010年由于7 000万吨尾矿和3 600吨有毒污泥的污染撤离了1 600人。北达科他州的彻奇斯费里（Church's Ferry）由于连年下雨使得附近的恶魔湖（Devil's Lake）扩大，因而失去了九成的人口。亚拉巴马州的麦克马伦镇居民因为卡特里娜飓风而逃离，仅有十人返回。

当然也有遭遇自然灾害但留存下来的小镇。例如，堪萨斯州的格林斯堡（Greensburg）在2007年惨遭强烈龙卷风打击后决心重建，十年后人口恢复到原来的一半。肯·萨默斯所在的新堡镇几年前被洪水完全淹没，但人口只比以前略少一些。卡希尔先生所在的湾谷镇原先因为卡特里娜飓风迫使人口从沿海地区往内陆迁移，现在这个缺口已经弥补上了。

除去自然灾害及其他灾难事件之外，乡村社区还面临着一些导致许多社区人口减少的系统性挑战。规模最小的镇受到的影响最为严重。就全国而言，在1980年，居民人数少于1 000人的建制小城镇大约有9 000个；到了2010年，这些社区中有62%的社区规模变小了。在人口介于1 000人到2 000人之间的2 800个社区中，有48%的社区规模比1980年变小了。人口在2 000人到5 000之间的2 600个社区中，有42%的社区规模比1980年变小。[1]

规模更大的乡村社区在保持人口不变或增长方面的表现一般比较好。1980年，人口在5 000人到10 000人之间的1 100个乡村社区中，在2010年规模变小的社区有41%，而

---

[1] Wuthnow, *Small-town America*, 396–97.

10 000人到25 000人之间的6 600个社区中规模变小的有
38%。总而言之,有近1 500万人生活在人口减少的乡村社
区,而这些小镇还服务生活在邻近地区的另外1 500万人。

但人口统计数据不足以完全体现遭遇显著衰退的社区对
于当地居民意味着什么。2008年到2010年间,我几次去堪
萨斯州的黎巴嫩镇(Lebanon)做研究,想通过实地调查以及
跟当地人交谈来了解情况。黎巴嫩镇是美国的地理中心,或
者说,当1898年负责美国海岸及陆地测量(U.S. Coast and
Geodetic Survey)的工程师在一块硬纸板上贴了一张美国地
图,发现黎巴嫩镇位于美国的均衡点上时,这就成了一个普
遍的共识。从此之后,不断有撰稿人前去访问,探究美国乡
村的情况。比如,在千年之交时,《华盛顿邮报》(Washington
Post)的一位撰稿人在黎巴嫩镇待了一天,沉浸于其寂静无
声,惊讶于其空旷无人。他写道,主街如此空寂,"狗都可以
当街躺下睡个长觉,不用担心被吵醒,更不用担心被车子压
死"。[1]我几年后去那里时,情况也是一样。我的办公室墙上
有一张照片,是主街上一栋破败不堪的三层建筑,它曾经用
作银行的办公房,这充分反映了这座小镇的遭遇。1880年,
住在这里的人有1 600多人,而现在200人都不到。[2]

---

[1] Mark Baechtel, "Dead Center America," *Washington Post*, January 16, 2000.

[2] Robert Wuthnow, *Remaking the Heartland: Middle America since the 1950s* (Princeton, NJ: Princeton University Press, 2011), 7–20.

居民们把黎巴嫩镇叫作家，但这里还是充满了一种无法言说的凄凉。最新的房子是20世纪50年代建造的。卫理公会教堂和大谷仓大概是仅有的仍在运营的场所。门户紧闭的楼房使得商业区散发出荒芜的气息——这是社会学家罗伯特·J.桑普森（Robert J. Sampson）所谓的城市衰败地区的"破窗户"效应。[1]老居民们大都白发苍苍，在寂静的早晨相聚在咖啡馆，谈论天气和粮价。

对于来自东海岸、对这个小镇感兴趣的陌生来客，他们非常热情。他们的故事都从"很久以前"开始，讲的是社区早期的牧师在大谷仓上用大字刷上《圣经》语录，或者是芝加哥来的教派招募一些当地人去耶路撒冷附近开拓定居地。他们记得小镇拥有保龄球馆、电影院的历史，能指出一个曾经是五金店的空地。他们在咖啡馆讲述的"传说"正是这个社区特征的明证。

如果游客只停留在黎巴嫩镇这样规模的小镇来看，那么美国乡村的景象确实是黯淡的。在我去过的人口少于1 000人的诸多小镇中，情况大致相同。摇摇欲坠的房子，破碎的玻璃窗上贴着胶带，碎石遍地的车道上停着锈迹斑斑的车辆，偶尔在某个后院中出现的农用机器，还有空地上的荒草。但

---

[1]　Robert J. Sampson, "Neighborhood and Community: Collective Efficacy and Community Safety," *New Economy* 11 (2004), 106–13.

正如人口统计数据显示的，哪怕只是稍大一些的小镇，情况都是有好有坏的。大约有一半在衰退，而大约有一半保持了原状。

史密斯中心镇（Smith Center）在黎巴嫩镇以西几公里外，我也在那里待过。那里的人口从1980年的2 200人减少到了1 600人左右，但它是县政府所在地，在50公里半径范围内这种规模的小镇仅此一个。跟黎巴嫩镇相比，这个镇很有活力。农民会去银行和约翰迪尔（John Deere）*经销店办事，去县农业办公室递交报告。网上保险业务正蓬勃发展，游客自驾去该镇几公里外的一处看《母牛总动员》（Home on the Range）**的创作地点。在小镇边上还有一所规模挺大的中学。几年前，史密斯中心镇上了《纽约时报》头条，因为该镇的橄榄球队创造了全国纪录，连续赢得四次州冠军，并在单场比赛的一节中得到78分。

尽管史密斯中心镇的人口减少让居民担忧，居民对自己的社区还是表现出浓浓的自豪感——而且不仅仅是因为橄榄球队。那所中学的毕业率相当出色，大多数学生都上了大学。一个新建的小区吸引了退休老人。一对来自城市的年轻夫妇几年前在此开了一家民宿。据说本地的一位企业家因为创办

---

* 约翰迪尔是美国知名农机设备品牌。

** 《母牛总动员》是迪士尼公司出品的一部励志动画片。

科技公司赚到了数百万美元。

史密斯中心镇并不是唯一受益于政府办事机构和本地企业家的。酒精厂、采矿厂、可持续能源风电项目、有机农场、监狱以及高科技公司对许多乡村社区的存续都助了一臂之力。

然而，诸多小镇更为普遍的趋势既不是人口静止不动，也不是人口衰减（这些情况常常伴随着经济困难）。除了许多乡村社区已经很小、已经在衰退这一事实，它们在最近几十年还受到了国家大环境的影响，其中最重要的一个就是农业性质的改变。

在19世纪，在许多小镇初创的时候，它们存在的唯一理由是为了服务那些住在驾车骑马轻松可达范围内的农民的需求，为连接农场与外部世界的蒸汽火车提供煤炭和用水。在20世纪期间，一些规模极小的社区因为道路改良，卡车、小汽车以及柴油动力火车的出现而消亡了——一位作家称之为"死于柴油机化"（death by dieselization）。[1]

一个世纪前，大概有600万美国人在务农。如今，只有不到75万美国从业者以务农为主业。这种衰减的原因是广为人知的。大萧条有一定的影响，但并没有大家有时想的那么严重，因为农民家庭通常除了困守原地并没有更好的选择。当

---

[1]　W. F. Cottrell, "Death by Dieselization: A Case Study in the Reaction to Technological Change," *American Sociological Review* 16, 3 (1951), 358–65.

"二战"退伍军人回归后，务农人口出现了暂时性的上涨，但在20世纪50年代，成千上万无力购买拖拉机和农业机械的穷困农民退出了。卡特政府针对苏联政府的粮食禁运以及20世纪70年代晚期至80年代初期的燃油价格上涨对农民来说又是一次重挫。在最近几十年，更大、更强的设备使得可以用更少的农民耕种多得多的土地。随着务农人数的减少，务农家庭的规模变小了，住在镇子或附近的人变少了，需要社区里经营涉农业务的人也少了。[1]

在美地镇附近务农的米克斯夫妇——约翰和米克斯太太就是这些变化的一个例证。他们耕种的土地面积大约相当于米克斯太太的父母在20世纪50年代耕种土地的10倍。尽管大多数土地是租赁的，但他们认为自己很幸运，可以向那些子女不愿意务农的叔叔、姨妈、邻居们租到土地。在20世纪80年代，约翰和岳父每年夏季收割麦子需要花上一个多星期，而且需要请几位临时工来农场帮工。现在他使用的联合收割机一个小时收割的麦子相当于旧收割机一天收割的量，他只用一半时间就能收割两倍面积多的农田作物。

米克斯一家估计，未来需要的务农人员会更少。他们不指望米克斯家的年轻一代会务农。他们有些邻居已经购买了

---

[1]　Robert Wuthnow, *In the Blood: Understanding America's Farm Families* (Princeton, NJ: Princeton University Press, 2015).

全球定位系统导航的拖拉机和联合收割机，农民可以坐在有空调的拖拉机车厢里，敲敲电脑、打打电话，而拖拉机基本上是在自动驾驶。收割机的机载计算机能监控着湿度、每四分之一英亩产量，并能制订下一年的种植施肥计划。

除了这些农业上的变化，乡村社区的人口变动还受到其他因素的制约。在幸运地靠近州际高速公路的小镇，在正好是某个小文理学院或社区学院所在地的社区，人口发展态势就比较好。美地镇在这两个方面都有受益。美地、新堡、湾谷因为曾是县政府所在地而受益。县政府所在地更能吸引人口，因为人们会去那里办事。如果同一个县里有一个大镇，较小的镇子状况通常比较糟糕。不过，如果离城市够近，上班族通勤方便，这些镇的发展就比较好。

在这一点上，新堡镇是个有意思的案例。尽管是县政府所在地，我们在新堡镇访谈的居民却感觉这个社区正在衰败，有其最近的人口减少为证，且由于越来越多的居民要去其他社区工作、购物、看病、咨询理财顾问，还会继续衰败下去。人口老化日益需要的服务在新堡镇是没有的，而且在天气好的时候，起码大家能轻松驾车30公里去其他镇上做这做那。"新堡镇根本不可能保住重要商业区的地位。"一位老居民叹息道。

有证据显示，如果居民除了务农还有其他在此生活的理由，乡村社区的人口状态就会比较好。以农业为主要经济活动的乡村社区中有将近80%的社区自从1980年以来人口都减少了，而以社会公共事业为经济基础的镇人口减少的只有不到30%。同样，乡村社区提供生活休闲场所也很重要，比如湖泊、河流、山地以及吸引游客和退休老人的温暖天气。在七分制设施评级中，评分最低的社区中有70%以上都减少了人口。相比而言，评分最高的社区中减少人口的仅有15%。[1]

虽然我们访谈过的许多人知道自己的社区正在减少人口，但令人惊讶的是，他们对这件事却表现得泰然自若。衰败现象在许多社区发生的时间足够长、足够慢，以至于居民们表示几乎没有感觉。其中一些人就像米克斯太太所描述的美地镇居民，他们不希望有新人迁过来。有子女的家庭几乎都会说，他们宁愿孩子去上大学，找到更好的工作，哪怕这意味着他们要离开。留下来和搬走的年轻人一般都说父母可能希望他们留下，但会让他们自己决定。

但我发现，说他们对此无动于衷是忽视了这些人借此表达的一些重要的细节。他们是年龄偏大、一辈子生活于此的居民，曾经步行可至的药店已不复存在，但他们依然觉得社区是适合生活的地方。他们就像史密斯中心镇的那些人，心里知道人口减少使得组建一支明星橄榄球队更加困难，但他们不愿意承认自己的社区正在失去活力。他们的社区精神一如既往旺盛。

承认自己的小镇正在衰落的人想到的也并不总是人口方

---

[1]　Wuthnow, *Small-town America*, 81–83.

面。他们怀念的"往昔好时光"是更丰富多彩的，那时候有廉价商店，公园里有旋转木马，社区有自己的铜管乐队。他们说主街没有以往那么气派了，街道维护得不太好。他们希望警方的巡逻更频繁些，盼望邻居有空把枯死的树木搬走。假如多想想的话，他们大概会说在这些方面许多城市社区也正在衰退。

不过，比起无动于衷，乡村社区更多的是愤怒和沮丧。人们知道龙卷风、冰雹、洪灾会给当地经济造成巨大损失，但企业关闭、家庭搬离让他们焦急，因为获得帮助需要等候的时间太久了。新堡镇是一个很快复原的社区。新英格兰的另一个小镇的镇经理说，她的社区比较不幸。州里面根本没有提供援助。联邦应急管理局*的反应来得很慢。当地警方尽最大努力追踪受害者，保护他们的财产，直到他们返回。

她说，洪灾的一个意外结果是，该社区的政情发生了剧烈变化。洪灾之前，镇上的民选官员正在通过吸引游客、为经济适用房和两家小企业争取地区分类财政补贴等措施来遏止人口减少。洪灾让这些努力都搁浅了，而增加地方税收倒成了必要措施。当被问及当地政治气候时，她回答道："这里的人都很生气。"镇上一直都是民主党、共和党各有势力，但现在有些保守的共和党人不但很生气，而且会"大声"地表

---

* 美国联邦应急管理局（FEMA）总部设在华盛顿特区，全国各地都有办事处，是一体化应对各类灾害的机构。

达愤怒。

除了需要应对自然灾害之外，沃尔玛超市大概是村民怒火最常聚焦的对象，哪怕不少人承认会去那里购物。比如，卡希尔先生说，沃尔玛超市开业之后，他在湾谷镇的杂货店生意就明显下滑了。他的一位邻居除了在公用事业公司工作之外还种了西瓜，沃尔玛超市让他的收入下降使他很生气。新堡镇的萨默斯先生只勉强保住了与沃尔玛超市不相关的一点商机。美地镇的米克斯家则是毫不含糊地欢迎镇上开沃尔玛超市的少数居民。

加盟连锁店、互联网以及线上购物巨头亚马逊也引发了众怒。因为50公里外一个大镇子上开了家得宝（The Home Depot）*商场，夫妻五金店就关门了。约翰迪尔关掉了本地经销店，去大镇子上经营更有经济价值的店面。人们在网上购买家用商品、农业物资比在当地买更便宜。

互联网、沃尔玛甚至全年无休的有线电视新闻、脱口秀都是很方便的——上一两代封闭在乡村社区里的居民要是有这些与外面世界连接的途径会很高兴。外面的世界唾手可得，然而，他们也能清楚地意识到外面的世界在瞬息万变，而自身被这变化着的世界抛到了后面。落后意味着要忍受缓慢的DSL网络连接，而不是享受高速宽带服务。在天气恶劣时，

---

* 美国家得宝是全球知名的家居建材用品零售品牌。

有的电话线路很少畅通。

轻易触及的外部世界也成为他们焦虑的来源。你可以感觉到你的孩子正因为上网接触到的内容而面临风险。比如，一位住在一个3 500人的小镇、有两个十几岁儿子的母亲告诉我们，她和她在当地认识的其他父母都有一种"恐惧感"。她说，我们"隐隐感到了整个文化中发生的变化"，"接着这些东西就开始出现在我们这个小小社区里"。几年后，在她的镇子上发生了因争抢毒品而导致三人被害的案件。

尽管当地居民对这些变化都负有责任，但他们并不总会把自己的感受定为愤怒。他们会说感到失落、伤感。他们感觉困难重重，但也认为自己是幸存者。他们说，愤怒比灰心要好。跟世界对抗是需要勇气的——"一种抗争的心态"，一位粗犷的西部得克萨斯人说道。

然而，有时候连接受我们访谈的居民都难以理解自身的义愤填膺。有一个社区的居民多年来都很生气，就因为高速公路部门拒绝在州际公路上树立一个将游客引导到镇上的标识。还有一个社区，在镇上的警局跟县治安办公室合并后，其居民感觉被"出卖"了。

人才流失

除了人口减少之外，全国统计数据中显示的第二个问题是，乡村地区的教育水平低于城市地区的。这种差距在州和地方两级都产生了问题。正如帕特里克·J. 卡尔（Patrick J. Carr）和玛利亚·J. 卡法拉斯（Maria J. Kefalas）在《掏空中间》（*Hollowing Out the Middle*）一书中明确指出的，"人才流失"（brain drain）正在令乡村的人才和税收收入日益枯竭。由于缺少受过大学教育的年轻人，乡村、城镇都难以为医疗保健事业、教育事业、高科技企业、农业创新提供服务及支持落地计划。[1]

各州应对这一挑战的能力经常是有限的。预算紧张迫使本州学费上涨、大学院校资助减少。各州留住大学毕业生的能力还取决于本地的就业机会。比如，南达科他州和艾奥瓦州就一直把大学毕业生拱手让给明尼阿波利斯—圣保罗都会区（Minneapolis-St. Paul）*。密苏里州和堪萨斯州则争相吸引企业落户到堪萨斯城（Kansas City）**属于自己管辖的地盘。[2] 不过，就连在提供州内工作机会方面做得相当不错的各州也遭遇了乡村社区人才净流向城市社区的损失。接受大学

---

[1]　Patrick J. Carr and Maria J. Kefalas, *Hollowing Out the Middle: The Rural Brain Drain and What It Means for America* (Boston: Beacon Press, 2009).

*　明尼阿波利斯—圣保罗都会区是指美国中部著名的双城明尼阿波利斯与圣保罗，及邻近的多个郡所组成的都会区。

**　堪萨斯城位于密苏里州和堪萨斯州的交界处，所以部分属于密苏里州，部分属于堪萨斯州。

[2]　Camille L. Ryan and Julie Siebens, "Education Attainment in the United States: 2009," *Current Population Reports*, February 2012.

教育的人也会因为去其他地方上大学，发现更有吸引力的国内居住地而离开本州。

居民们告诉我们，大多数乡村社区，想要留住获得大学文凭的年轻人基本上是白费功夫。例如，我们在新堡镇访谈的一位牧师解释道："这里绝对是存在人才流失的。""有中学文凭的人当中，许多人都留下了。"他说，"在附近一所本地社区大学得到两年制文凭的人有些留下了，有些离开了。可但凡获得四年制大学文凭的孩子都走了。"他说，社区缺少人才，这也是导致经济衰退的一个因素。

当我问到一位来自北达科他州的学生，毕业后是否打算回到法戈（Fargo）*时，她的反应很激烈。"这么想太可怕了！"她惊呼道。

游客从法戈出发，向西或向北驾车一小时，路上会经过北达科他州最富饶的农田以及一些迷你小镇。19世纪80年代，早在北太平洋铁路建设期间，自耕农们就在这里定居了。到了1910年，其中四个小镇的人口超过了1 000人，这些小镇直到20世纪70年代还保持稳定发展，但自那以后就开始衰退，更小的镇子早已开始衰退了。如今，漫野的大豆田地间点缀着零星的防风林，偶尔有一座乡村公墓以及几座维护良好的农庄。小镇上一般都有几个沿主街的商店，还有几座教

---

* 法戈是北达科他州东部的一个城市。

堂、加油站以及一个水塔。比较大的镇子会有一所中学，能把一定数量的毕业生送往大学。但这些小镇都不是大学毕业生找工作的好地方。

林登家的约翰和谢丽尔夫妇住在其中的一个社区中。在19世纪80年代，该镇自称林肯城（Lincoln City），但在十年后改了一个更低调的名字——沙伦（Sharon）。该镇的规模刚够有一座教堂、一家农民合作社，但小镇居民会开车去一个更大的镇子上购物或者看病。林登夫妇都拿到了四年制大学文凭。丈夫耕种着家里四代传承的近100公顷的土地（据他说，按当地标准算少的），妻子在30多公里外的一家医院当全职技师。他们说，本社区农民有大学文凭的并不稀奇。在上一代，农场收入足够让农民送子女上大学的，送子女接受高等教育通常是为了往后的生活未雨绸缪。林登夫妇各有一份收入，把五个孩子都送去上大学了，但孩子们都没有务农，只有一个住在北达科他州。

北达科他州已经在尽力留住有大学教育背景的年轻人了，特别是提供质优价廉的大学教学，在法戈和大福克斯（Grand Forks）采取促进经济发展的措施。该州西部的贝肯页岩层（Bakken Formation）*的石油生产也催生出一些白领工作。不过，对于林登夫妇这样的人来说，人才流失现象是一种亲身

---

* 贝肯页岩层是美国最大的页岩油生产地之一。

体验——难以下咽的苦果。他们料到孩子们会离开，去遥远的城市找工作，但他们没料到当他们去看孩子时，孩子的朋友们会如何看待他们。"你会被瞧不起的，"林登先生说，"你知道，就是老黄历、乡巴佬。"

林登太太说，听到下面这种话她会很生气："只有笨人才会待在家里种田。"人才流失现象意味着其他人但凡有机会就走了。"笨人没什么本事，就只好留下了。"但她说这并不是事实。从事农业必须要脑瓜聪明、教育良好、积极进取，但人们惯有的刻板印象不是这样。

教育程度上落后，对林登夫妇所在的社区打击尤其沉重。一直到20世纪，从俄亥俄州到明尼苏达州再到艾奥瓦州，这些地方的乡村社区都以"学区"闻名。这里的小镇居民一直自豪于本地中学的高毕业率。当外地人瞧不起他们，叫他们"乡下人""土包子"时，他们感觉受到了侮辱。看到书里、文章里把他们描述成容易上当、头脑迟钝、行为古怪的人时，他们心里会不舒服。有时候，他们承认自己也觉得自己低人一等，比如一位农民说他拼命干活却赚得这么少，感觉自己太"笨"了。

孩子在学校的表现是他们另一个骄傲——或者羞愧的来源。私事在小镇上是藏不住的。我们访谈的教师、校长知道，他们会因为学生在标准化考试、拼写比赛还有体育运动中的表现受到评判。家长们知道谁家小孩能上大学，谁家小孩不能，知道哪些人没有编瞎话说错失了良机。

作为社区的象征，学校是一直运营着还是关门是评判社区状况好坏最有说服力的标志。我们调查的一个煤矿小镇，居民们记得全镇都能听到学校操场上孩子们笑声的那些日子，而如今的沉寂告诉他们小镇正在衰亡。在另一个社区，居民们伤感地谈论着学校关门的事情。"就像是把咱们镇子的心给挖走了，大家再也没有可以常去的地方了。"

不过，人才流失的故事比乡村居民们惋惜学校关门、挥手告别上大学的晚辈这些事要来得复杂。在多次访谈中，我都感受到了小镇青年们所体会到的"洼地"效应。正如俗语所说，在小地方长大，有可能成为"小池塘里的大青蛙"，这有可能导致对自身能力不切实际的高估：当在某个时刻被抛入大池塘时，就可能突然产生一种幻灭心理。比如，在中学乐队当首席小号手的孩子发现自己很难进入大学的大乐队，而当初的橄榄球明星选手如今在大公司上班后早已不再是名人了。

洼地效应是一个例证，说明了道德共同体是如何使得人们对地方社区坚信不疑，乃至于制约了人们，从而对他们的职业梦想可能产生不利影响。涂尔干在写到这种制约时，认为这是被他称为"利他性自杀"（altruistic suicide，由于过度依赖某个社区而导致的"自杀"）的源头。[1]洼地效应还没到

---

[1]　Émile Durkheim, *Suicide* (New York: Free Press, 1951 [1897]).

这种程度，但对于小社区的人来说，社区的情况确实很容易成为一个具有说服力的参照。例如，一个中学生在小的学校里可能会获得优秀成绩，但对于大学里的竞争却毫无心理准备。类似地，生活在一个周遭没有科学家、演员、工程师的社区，其中的学生可能无法想象未来会从事这些职业。

我们采访过的教师、校长、督学等人对洼地效应尤其关注。让他们沮丧的是，聪明的学生会低估自己，他们会受到同辈的影响，打算从事职业技术类工作，而不是去获取四年制大学文凭。我们与上了大学并且离开小镇到城市找工作的人进行了交流，从中同样了解到许多乡村家庭第一代大学生所经历的困难。他们第一次处在大社区里的茫茫人海中，经历了文化冲击，感到孤立无援，不知道如何交朋友。选择专业也常常成为难题，因为在他们的家庭乃至家乡没有人知道什么是有市场前景的专业，怎样把兴趣跟职业期望匹配起来。

不考虑关于进化论教学的典型争议，乡村社区的教育劣势也是无法完全解决的。在20世纪90年代，几个乡村州的教育委员会受到来自科学工作者以及全国性教育法律协会的强烈谴责，要求把进化论和《圣经》造物故事搬进课堂或用进化论取代《圣经》造物故事。这样的谴责说明，这些乡村的学生无法为上大学、为从事相关职业做好恰当的准备。这样的谴责同样暗示，希望给子女最好教育的知识分子会尽力避免生活在这些乡村里。比起地方上的社区，这一问题与州这个层面更加相关。然而，有些证据表明，地方社区是很重要的，因为教育委员会的投票率较低，这就可能使得来自小镇的候选人以相对较少的投入就能赢得选举。在堪萨斯州，关于教授进化论的议题来回扯皮了十多年，教育委员会当中两个最爱声称上帝造物论者的发声者就来自小镇。

1923年，俄克拉何马州率先立法禁止教授进化论。在正统基督教派牧师的支持下，该禁令一直持续到20世纪60年代美国最高法院判令禁止教授上帝造物论。反对进化论者以"智慧设计论"（Intelligent Design）*的名目在20世纪90年代中期旧事重提，在接下来的20年里，推出种种法案，要求将进化论作为一种理论教授，同时以学术自由的名义将上帝造物论作为补充理论教授。[1]

参与这些争论的人说，似乎两种理论都教才是完全合理的，尤其是进化论的论据在他们看来特别站不住脚的情况下。正如我们访谈的一位小镇牧师所言："进化论从来都只是一种理论，所以神创论也应该得到同等的教学时间。"他补充道，"那些鼓吹进化论的家伙搞了一些不足采信的研究，从极少的数据中妄下结论，抓住证明他们观点的稻草。"

对于认真考虑过这个问题的父母来说，他们大都觉得，

---

*　智慧设计论是认为生物是由智慧的神设计的，而不是自然进化的一种理论。

[1]　Laura Moser, "Another Year, Another Anti-Evolution Bill in Oklahoma," *Slate*, January 25, 2016.

同时教授神创论和进化论是一种常识性的、开明的做法，所以更支持这种做法。教师和校长们在这个问题上态度不一，有些人非常担心自己所在的社区和州展现给世界的是反科学的落后形象，但是支持将进化论更明确地作为科学来教授的人往往认为，与地方保守意见直接对抗是有风险的。

少女早孕

在不少乡村社区，少女早孕率高于城市地区是又一个受到关注的问题。由美国疾病防控中心（Centers for Disease Control and Prevention）编制的一份报告显示，在城市人口较多的县，15—19岁女性平均每千人生育数为18.9，而在乡村县同一年龄组的女性平均每千人生育数为30.9。该报告没有研究对于堕胎的态度可能产生的影响，但也提供了几项额外的对比数据。在2007—2015年期间，乡村社区的少女生育率跟大型社区一样都是下降的。还有，跟大型社区一样，乡村社区的少女生育率也因种族、民族而不同。在乡村县，非拉美裔白人少女的生育率为每千人26.8，非拉美裔黑人少女的生育率为每千人39.6，而拉美裔少女的生育率是每千人47。[1]

---

[1] "Teen Birthrate Is Higher in Small U.S. Towns than in Cities," *Washington Post*, November 18, 2016.

少女生育长久以来都被认为是一个问题，因为少男少女当父母常常难以为子女提供实际的经济支持。乡村社区少女生育率高于平均水平既是全国热点话题，也是地方上关注的事情；不过统计数据隐藏了一些缓和的因素，其中最值得注意的是，乡村社区中青少年的比例小于大型社区。尽管如此，我的研究表明，乡村社区的父母和教师认为性生活混乱、少女早孕、早婚是令人深感不安的问题。即便这些问题发生的概率很低，但始终要对它们保持警惕心理。

其中一个原因是，堕胎通常是不得已而为之的选择。某个少女怀孕后，众人会希望她生下孩子，她通常会在父母的帮助下抚养孩子，或者把孩子登记领养。不管怎么做，她都会因为婚前性行为和不够负责而被污名化。当地的小道消息传播得很快。

第二个问题是，早婚（16岁到21岁之间）大大降低了男女双方上大学的可能性。例如，在1960年实施生育控制（birth control）*之前，早婚的乡村男性上大学的概率只有未早婚男性的26%，而早婚女性上大学的概率只有未早婚女性的13%。30年后，这个比率只有略微的提高。早婚男性上大学的概率是未早婚男性的32%，而早婚女性上大学的概率只

---

* 这里指的生育控制指的应该是1960年美国食品药品监督管理局批准避孕药公开销售。

有 24%。[1]

接受我们访谈的一位女士清楚地记得她本人的情况。她梦想成为家中第一个上大学的人，希望成为一名老师，但她和闺蜜们"对男生产生了兴趣，梦想就此泡汤了"。她跟未来的丈夫在中学时谈恋爱，毕业后一个月就结婚了。

小镇文化氛围也是少女早孕和早婚的另一个原因，这让社区居民感到担忧。居民知道邻居会对此闲言碎语，他们从许多家庭的经历中了解到早婚对自家和邻居的影响。他们知道，那些升学率很低的中学的风气会激发孩子早恋。社区道德文化的契约也会被打破。居民们应该为此维护，且为自己负责，坚持道德体面的传统标准。

不过，断定乡村居民就是卫道士，听到有些年轻情侣怀了孕、要结婚只会避之不及，这也是错误的。相反，他们责怪通过电视和互联网渗入他们社区的滥交文化，他们责怪自己没有更好地保护社区。这是他们懊恼的最大来源。

布伦达·维金斯跟我们谈话时，已50多岁了。她的孩子成人了，都上过大学。他们不再生活在这个她住了一辈子、只有15 000人的社区。她中学毕业就结了婚，而孩子们没这么快结婚让她感到欣慰。她不会谴责自己认识的那些要早婚的年轻人，但她憎恨那些摆在他们面前的诱惑。

---

[1]　Wuthnow, *Small-town America*, 444.

"我太气愤了，"她说，"我住在一个总体上挺健康的乡村社区，是吧？可在路上开车不到20分钟的地方就有一个成人书店，里面有好多限制级的裸体书画。色情片到处都有。难怪很多家庭都破裂了。但我们做了什么？没有！"

据他们说，大家觉得管用的补救措施似乎并没有意料中的有用。这些措施指的是在学校和教会传授优良德行。学校的困难是，老师们担心，如果拒绝教性教育课或试图谈论"十诫"（the Ten Commandments）*，他们就会被炒鱿鱼。教会的困难是，乡村牧师发现很难让社区里的年轻人对社区里的事务感兴趣。大多数教区居民都是中老年人，而且教堂太小，无法为年轻人开辟专门的项目。

药物滥用

美国乡村人经常说，他们宁愿生活在小镇上是因为那里的犯罪率比城市低，他们更有安全感，希望自己的孩子不会接触到毒品和暴力。但小镇并非完全没有青少年犯罪、流氓行为、酗酒以及偶尔发生的盗窃案和凶杀案。在20世纪90年代早期，吸食冰毒在乡村地区泛滥成灾，部分原因是制毒窝点容易藏匿在人口稀少的地方。从那时起，海洛因成瘾在乡

---

* 十诫是基督教、犹太教的戒条。

村社区成了一个受到严重关切的问题。截至2014年，由美国疾控中心（CDC）编制的数据显示，乡村地区的每十万人过量用药致死率实际上要高于大城市地区。[1]

在海洛因问题变得尤为严重以及臭名昭著之前，乡村社区跟大城市地区都具有毒品滥用是严重的社区问题这样的共识。比如，1997年的一项全国性典型调查发现，47%的非大城市地区的受访者认为毒品滥用在他们的社区是一个严重问题，与之相比，大城市地区的比例是48%。[2]

毒品问题在小镇受到特别关切的原因之一是，本镇居民认识毒品受害者本人及其家庭成员，即便不认识本人，居民们也是八卦网络里的一分子，会在背后说长道短。我们在新堡镇听说了一个悲剧故事：一名24岁的女子死于用药过度，身边还有一个三周大的婴儿。这些药物是处方药，给她开出处方单子的三名女子被捕了。这件事显然成了社区的一大新闻。他们说，这种事对人们的冲击比在城市里更加严重，因为他们认识这名死去的女子以及那几个被捕的女子。

这类事件让新堡镇的居民担心还有其他他们不知道的事

---

[1]　Haeyoun Park and Matthew Bloch, "How the Epidemic of Drug Overdose Deaths Ripples Across America," *New York Times*, January 19, 2016.

[2]　我是该项研究的首席调查员，主要成果参见Robert Wuthnow, *Loose Connections: Joining Together in America's Fragmented Communities* (Cambridge, MA: Har-vard University Press, 1998)；数据集可上网查阅www.thearda.com。

情发生。"我听说这附近有很多毒品,"我们访谈的一位居民说,"我没见过,我说不出有谁因为这个死掉了,但我听说有这么一回事。"另外一位居民经人提醒后想了起来,她认识一个母亲,她的儿子染了毒瘾被送走了。"这类事情你是会听到的。"她说。

乡村镇的社区领袖们明白,毒品和犯罪的原因有很多——处方阿片类药物唾手可得、毒品贩子赚得盆满钵满、警力不足,还有毒瘾本身。我们访谈的人几乎异口同声地说,小镇的颓丧文化是一个重要因素。毒品以及毒品引起的犯罪是社区里那些感到受困、毫无出路的人们的发泄渠道。他们认为,这与城市中心那些失业率、不充分就业率、贫困率很高的问题是类似的。

伊利亚·鲁滨逊是泰勒温泉镇(Taylor Springs)的商业领袖,这是一个南方的社区,人口有 11 000 人,其中90%是非裔美国人。他们夫妻俩除了上大学还有他服兵役的那段时间之外,一辈子都生活在这里。他们清楚地记得,当小镇被少数白人把持时,他们要去执行与白人分开措施的学校上学并遭受歧视。他们说,现在情况有了好转,但前路依然漫漫。鲁滨逊先生是教师,他的太太是社会工作者,服务于镇议会,目前还负责一个青年培训项目。我对他的想法特别感兴趣,因为该镇最近发生了四起男女青年被害的案件,被害者只有十几岁或二十出头,案件都与毒品有关。鲁滨逊先生本人对这些事件感到震惊，非常愿意谈论他内心看待这些问题的潜在原因。

"每个生命都是宝贵的，可在我们的社区，有些人好像特别冷酷无情，一点看似琐碎的事情就能让他们暴跳如雷，大开杀戒，事后连杀人的原因都说不清楚。"鲁滨逊先生坚信，这种无名的怒火来自某种更深层的东西，"我认为，很多问题与年轻人在这个社区感到绝望、缺乏机会有关"。

他说，毒品和犯罪只是症状，"当人们觉得做什么都无所谓，当他们知道生活质量不会改变，绝望到这种地步时，就会开始伤害其他人。这是一种伤害的循环。除非我们能给人们希望，不然一切都不会改变"。

然而，在好工作机会有限的小镇，对于那些因为照顾老年亲人或其他家人而感到走投无路的人们来说，给人希望就是一种奢求。

我们调查的大多数社区都在尽最大努力对抗吸毒问题，但哪怕是按照最乐观的估计，结果通常都不太理想。比如在新堡镇，学校启动了抵制毒品滥用教育计划（Drug Abuse Resistance Education），居民们认为这是往正确的方向迈出了重要一步，因为这符合他们的这一信念：良好的教育是社区和家庭的共同责任。然而该计划却受到了社区一些人的批评，他们认为这是一种外部力量，可能阻碍家庭对子女负起应有的责任。正如一位批评人士所说："这种计划给孩子灌输毒品的知识，孩子比我们还懂毒品。我不知道这算不算好事。"她认为，也许最有效的解决方案是父母要始终掌握孩子的行踪，知道孩子在与谁交往。

缺少工作

在局外人的眼中，乡村社区最普遍的一个特点是缺少工作机会。这个问题显然是这些社区的居民所关心的。对于小镇唯一的制造厂撤离、认识的一些家庭丢了饭碗、年轻人离开社区找工作等现象，居民感到惋惜。无论关掉的企业是小镇边上的拖把工厂还是主街上的五金店，这种损失对社区以及直接相关的家庭来说都是一种经济上的挫折。这意味着社区税基减少，或许还会产生连锁反应，因为有些家庭会转而去其他镇上工作、购物。

对于汤米·罗恩来说，湾谷镇的问题与其说是缺少工作，不如说是缺少*好的*工作。我们找到他的时候，他在电线杆上干了一天的活，刚回到家正准备喂鸡。他家里世代贫穷。"苦日子就要来了。"他爸爸一直这么说。他爸爸小时候，家里的房子被烧毁，苦日子来了。20世纪30年代，他的祖母为了不让农场破产而去镇上打工，苦日子来了。而汤米中学一毕业就得工作，熬了十年才结婚，苦日子也来了。让他感到幸运的是，家里还留下几亩地，他有稳定的工作，尽管薪水不高。

他的大多数中学好友、许多邻居才没这么幸运。当上班的工厂倒闭后,他们就搬走了。

除了影响经济,企业倒闭、缺少工作对于小镇文化也有重要影响。因为大家认识(或者听说过)许多邻居,对于搬走的那家人,有人可能会想念,而有人则会为人议论。谈话内容很快就会从他们的遭遇转换到"我"*可能*的遭遇。

马克·布坎南就是一个例子。他是一名事业有成的白领上班族,住在中西部一个叫朴茨茅斯(Portsmouth)、人口10 000人的河滨小镇,他从事现在这份工作已经有30年了。他的妻子也在上班,他们一起享受着舒适的中产阶级的生活方式。上班只需要五分钟,这让他们很开心。住房不贵,他们有些朋友,在杂货店和银行会碰见熟人。该社区有着令人骄傲的悠久历史,是本州最早建立的小镇之一,而且最近几年社区把河滨地区改造成了旅游景点。然而,当我们采访布坎南先生时,他是担心的,他在努力表现得乐观,而不是愤怒。该社区的收入中位数比全州平均数低了20%,而失业率是全州平均失业率的两倍。社区的两个最大雇主(小型农业综合经营公司)最近宣布裁员30%。布坎南先生还有五年才能退休,他担心下一轮裁员会轮到他。

"你不知道会发生什么,"他说,"某天你去上班,他们说:'唉,我们得打发十个人走,你是其中一个。'我认识好几个快到退休年龄被裁掉的人。他们的存款缩水得厉害。他们以为等到退休就安全了，可现在再也不是这么回事了。"

他认为，担心是有充分理由的。"会发生什么？很容易心凉的。你必须努力不气馁，保持积极心态，不能认输，不能愤世嫉俗。"

除了担心自己和其他人失业以及由此对于社区可能的影响，小镇失去一个企业或是没能吸引到一个新企业对于社区自豪感也是一种打击，这些情况让人感觉像是社区本身打了败仗。企业是社区认同感的一部分，是一个可能存在了许多年、被本镇某个杰出家族经营的实体地标。如今它变成了一具空壳，让社区的人们感到往昔风光不再。

整个社区并非沉浸在悲伤中无法自拔，但要是知道撤离的企业可能让其他某个镇子受益，社区居民就更不好受了。一个原本就困难的镇子失去一个企业，这可能意味着将更难吸引新的企业入驻。毕竟，一些公司会对小镇进行评级，他们提供的评级的根据是消费者市场规模和受过培训的劳动力数量。小镇的领导们明白，他们的评级可能很低，无法吸引到他们想要的那种新企业。

企业撤离及其连带的就业机会对于一个早就在为保住这家企业做出集体努力的社区来说，在经济上和文化上会尤其是一种打击。为了吸引这家企业，社区可能已经免除了它的财产税；为了说服整个社区以及要来的企业，镇经理、经济发展委员会、公众听证会可能已付出了口碑宣传等多方面的努力。这些努力换来的成功对整个社区来说是一种褒奖。

亚历克斯·安德森就是这一类企业的执行总裁。人们在芬德利（Findley）这样的地方发现这样的企业会很惊讶，这是一个人口稀少的中西部小镇，只有 1 500 人，四周被玉米田和牧场包围，离最近的城市要三个小时车程。他的公司专业从事高分子科学的应用，从工业部件到树脂传递模塑到泡沫塑料回收利用等。公司位于这么偏僻的小地方，原因是该社区在20世纪70年代就认识到自身正在分崩离析，于是团结起来，希望吸引一家不需要靠近城市的高科技公司。当社区说服某一家人的儿子从工作的城市回来后，希望到来了。这个儿子招募了几个朋友，接下来的事就如上所述了。

不过，对于安德森先生来说，维持公司经营挺吃力的。"各种不利因素都有，"他承认，"克服关于小镇的偏见是极其困难的。"拿下政府合约很难，招聘员工同样困难，因为人们觉得这里是乡下，是很土的地方。"我们国家嘴上说要保护小镇，可只是嘴上说说而已，没有任何实际行动。"他说，这个小镇依然在分崩离析，自己已成年的子女没有一个住在附近的。

像安德森先生这样热爱自己的乡村社区、希望保护小镇文化的人经常会第一个承认，小镇文化不具备维持经营一家公司所需要的条件。比如，他认为自己公司的成功是因为他和公司管理团队是外来的。"当地人沉浸在社区目前的问题中，不能跳出问题本身看事情。"他说，所以在其他地方有经验是很关键的。他举了个例子说，他手下一位得力的经理在中国生活过，因为这一点，公司现在分部开到了北京。

乡村社区在保住企业、提供工作上面临的困境也同样与"人才流失"问题直接相关。当需要大学文凭的好工作都在其他地方，留在小镇的工作就不太可能是高薪的、丰厚的乃至安稳的。白领工作是有限的，剩下的工作机会是工厂（要是还有工厂的话）、建筑工地、快餐店的半熟练工、半熟练的医疗保健工作，要不就是在需要通勤的大镇子上。如果一家高科技公司碰巧开在小镇上，则员工可能是缺乏必要培训的。

这是安德森先生的公司面临的另一个困难。他说，他不想说不中听的话，但来找他求职的孩子有中学文凭却几乎不会读写。他聘用的员工基本上都必须经过培训才能上岗。他跟他们说："我的格言是，每天不前进一步半步的，就等于自动退后半步。"他的公司制订了一个阅读计划，差点把人都赶跑了，因为他们不习惯为这种事付出精力。

文化威胁

不仅存在经济问题和人口问题，乡村社区还面临了其他一些问题，居民们认为这些问题对团结和睦的氛围和他们所珍视的共识构成了威胁。这些困难在不同社区有着不同的形式，有时候来自新来者，有时候来自酝酿了数十年的家庭纷争。除了这些，代际冲突常常使人担忧社区的价值观去向何方。

例如，我们在新堡镇访谈的一位女士把社区形容为具有"两种文化"。老居民构成了一方，他们坚强独立，希望社区不受外部干扰，也希望它保持不变。新来者（指的是最近20年搬来的人）比较年轻，更加开明，人生观比较多元，在社区之外有更多兴趣点，更经常推动分区规划和环境保护条例。双方在气候变化上尤其对立，老居民认为气候变化不是人为的，而新来者认为是。

就一些调查显示的各年龄群差异而言，这样的文化分裂并不罕见，而且这在乡村社区算不上是一个突出的问题，除了人人都一样的假象。小社区中努力保护社区共同价值观的老居民看到这些价值观在改变会很难受。如果这些变化发生在自己孩子身上，就更让人担忧了。

在我调查的农民中，代际冲突是他们不太情愿谈论的东西，但这个话题在我们进行的非正式访谈中频频出现。比如，米克斯太太解释道，她和丈夫曾经考虑离开美地镇的原因之一是，他们和她的爸爸一起种田时有种挫折感。他习惯了耕种小面积的土地，即使有两辆拖拉机，他也希望是同一种款式，而且要在同一个田地里操作。采取这种方式耕种大面积的土地是不现实的。他也没有跟上农技创新的脚步，却反而反对他们夫妻俩提出的新想法。

还有些农民家庭讲述了婆媳、丈夫与岳母之间的矛盾。在一个事例中，妻子说自己常常很郁闷，因为丈夫好像更喜欢去她母亲家吃饭，恰巧因为她母亲家就在边上。在另一个事例中，婆婆不让媳妇参与农场的所有重要决策。

性别冲突的话题在我们与小镇居民的许多访谈中也有出现。在许多社区，儿子会因为继承家庭土地或家庭企业而回到家乡所在的社区，而女方婚后是在男方家居住的，因而这意味着男方会带回的妻子对社区而言是陌生人。这些事例中的妻子常常感觉受到排挤，最理想的情况也不过是融入但过程漫长。对于职业生涯中断的女性来说，这种转变尤其困难。

朱迪·马什是卡希尔先生的邻居。她和丈夫在湾谷镇住了将近30年，但她说这里从来都没有让她有家的感觉。她在城市里长大，在大学遇到了丈夫，他们婚后第一个十年住在城市里，她在中学教化学。然后她丈夫在湾谷镇找到了一份工作。"我丈夫觉得这里是我们可以生活的地方。我来是为了他，不是我自己的选择！这事我能说上一个钟头！"她倒是没有说一个钟头，但她说得很明白，她不喜欢生活在没有上档次的商场、餐厅的地方。她想念有工作的时光。她会一有空就去看望在达拉斯的女儿。

像他们一样住在流言蜚语多的小社区里，跟远方的亲友倾诉这些矛盾和郁闷往往比跟当地人倾诉更轻松。但情况并不总是这样。有时候，矛盾会变得特别公开化，从而导致社区分裂的对立持续很多年。宗教通常是失和的原因。比如，有个社区有两座几乎一模一样的路德派教堂，它们代表了多年前的一次种族分裂。许多社区教堂的建立都源于近期的宗教道德冲突。比如，镇中心一座引人注目的南方浸信会教堂可能会与位于郊区的一座独立浸信会教堂产生竞争，而卫理公会教堂的日益萧条可能是一半教民转投神召会教堂的结果。在一个这样的社区中，留下的教友和离开的教友都非常生气，哪怕碰巧在同一个餐厅就餐，彼此也不愿意说话。

关于严重的社区问题促使人们凝聚在一起的惯常说法是受到欢迎的，然而例外也是有的。在有些事例中，自然灾害引发了冲突。比如，一个中西部小镇在20世纪90年代遭受了一次毁灭性的龙卷风，近一半的住宅和企业被摧毁，不过社区里有相当多的地方完好无损，所以居民们决定重建。当受灾和未受灾的居民开始意见不合时，麻烦就来了。一方希望快速重建，另一方希望多花点时间、对社区进行更广泛地改建。保险理赔、分区规划让问题变得更复杂。十年后，双方依然争执不休。

以往的经验表明，在紧密社区中发生的冲突和挫折会促使社区成员寻找可以归罪的外部因素。这种动机表现在对于华府的愤怒（见第四章）以及种族偏见、民族偏见（见第六章）等方面。不过，这还不是全部的情况。我研究的社区意识到了他们面临的问题。他们谈论社区的失败跟谈论本地的优点一样毫不避讳。他们能准确指出学校关闭的年份、工厂离开的原因以及教会产生分裂的缘由。这些事件都令人惋惜，但能够解释清楚。更难把握的动因是认识到社区本身的某些事情正面临危险。

一个家庭搬离社区、一个青少年吸毒，这些是怎样成为*社区*问题而不仅仅是个别问题的，需要稍微回顾一下我在前面一章中讨论的问题。这些问题（有些比其他更严重些）对社区的道德结构形成了威胁。道德结构是一种共同的理念，它认为社区代表的东西是正确的。无须一直顺风顺水，社区就能深深植根于居民的自我认知中。他们不仅仅把自己看成个人和单个家庭，而是无论好坏他们都是所生活的集体中的一员。他们共同的定位，是关于如何表现、谁值得尊重等问题的共同惯例，也是他们的责任感。

身为道德共同体的一员，哪怕肩上的责任不重，也意味着，你会感觉到社区正在衰退；社区的年轻人正在退步正好也稍许反映了你自己的情形。你个人可能没有受到影响，但你是这个颓败社区的一分子。你自己可能受过良好教育，但你感觉到别人仅仅因为你生活的地方而把你看成乡巴佬。你脑中的刻板印象说像你这样的人缺乏智慧。当一个外来者跟你慢慢说话，问你有没有出过本州时，这种刻板印象就更加强烈了。

当你欣然适应生活方式所需的变化时，道德共同体也许就随之解体了。你通勤到城市上班，去城郊购物。你还去那里的教堂。这为你的家庭提供了更多机会。你喜欢去看望成为城市居民很多年的兄弟姐妹。你想更多地参与本地事务，但你太忙了。一次偶然的怀旧提醒你，现实发生了怎样的变化。

乡村居民因其社区经历的问题在很大程度上动摇了他们关于乡村的乐观看法，即认为在这样的淳朴乡间一切都是美好的。显然，居民们有足够的理由因为情况恶化而懊恼甚至愤怒。不过，如果我们的乡村居民在参加政治集会时发出激愤声讨的原因只有这些的话，我们对整个情形的理解就错了。他们看待社区缺点通常是很实在的。他们希望招到一个新的制造工厂，但心里知道发生这种事的机会是渺茫的。人口长期保持稳定或者缓慢减少，他们就不会觉得镇子马上消失。他们心里更多的是一种几乎无法言说的担忧，担心自己的生活方式正在受到侵扰，从基底开始不知不觉地发生变化，外部世界的质疑与攻击对此构成了最大的威胁。就直接的问题而言，目前有一些权宜之计，可能并没有从前管用，但不管怎样可以换另一个角度来审视道德共同体的生活意味着什么。

3

权宜之计

MAKESHIFT SOLUTIONS

| 权宜之计
MAKESHIFT SOLUTIONS

亚历西斯·德·托克维尔（Alexis de Tocqueville，1805—1859）*在19世纪30年代关于美国的见解未尝不适用于今天乡村社区发生的许多情形。令他既赞赏又担忧的个人主义导致如今小镇居民坚持自力更生。还有众多的志愿协会，托克维尔称赞美国公民就地解决问题的办法，从而坚持了民主制度，不向政府求助。[1]

---

* 亚历西斯·德·托克维尔，法国历史学家、政治思想家，政治社会学奠基人。主要代表作有《论美国的民主》《旧制度与大革命》。

[1] Alexis de Tocqueville, *Democracy in America*, ed. J. P. Mayer, trans. George Lawrence (New York: Harper Perennial, 1966 [1835]).

这样的组织在乡村社区比比皆是。成为受人尊敬的社区成员意味着，不但要照顾好自己的小家，而且要尽微薄之力帮助解决社区的问题。眼下的变化是，小型社区相互连通前所未有地依赖于更广泛的资源、机会乃至条件。用效果有限的方法解决当地问题，往往跟当初发现这些问题一样让人懊恼。

政治科学家罗伯特·D.帕特南（Robert D. Putnam）在《独自打保龄》（*Bowling Alone*）一书中认为，在过去的几十年中，美国人的社区参与程度已经大幅度降低了。拜访邻居、请朋友吃饭、参加志愿协会、做志愿工作的人数都变少了。帕特南说，这是我们的错，因为我们花了太多时间在家看电视，而且即便我们参与了什么事务，大多也只是寄一张支票而已。不过，他发现，小镇和乡村地区与此不同。它们可能受到同样趋势的影响，但乡村人比其他美国人更关心他人、更诚实、更相信他人。他说："日常生活的规模更小、联系更紧密时，参与社区事务就更有乐趣。"[1]

在20世纪90年代后期主持的一项全国调查中，我发现小镇、乡村地区的居民比城市、城郊的居民在家人生重病时指望邻居帮忙的可能性要大得多。不过，除了教会之外，城郊

---

[1] Robert D. Putnam, *Bowling Alone: The Collapse and Revival of American Community* (New York: Simon & Schuster, 2000), 2005.

居民比小镇居民参加志愿组织的可能性更大。小型社区的居民在采访中解释道，由于人口减少，去社区外工作、购物的人日益增多，老龄化人口参与少儿、青年组织的积极性不高，志愿组织有时候会停办。但是他们看到这些趋势依然很担心。他们相信，如果人人参与、齐心协力，小型社区是可以自力更生的。少了这个，他们担心社区会丧失道德秩序感。[1]

志愿工作

贝瑟尼·普里查德是我们在美地镇访谈过的一位女士。她年近40，在大学毕业时嫁给了一位在镇上执业的律师，大部分时间都在照顾五个孩子。最小的孩子一岁，最大的14岁，这意味着每天她要花大量时间做饭、打扫、购物、付账单、接送孩子参加各种活动。在小镇上，做全职妈妈以及作为小镇教会成员的责任里还包含做志愿工作。她是大龄儿童游泳队的领队，还是学校理事会的成员。她还在教会主持祈祷小组，并且为病残者提供送餐服务。她在这些方面并不是特例。她觉得很开心，感到自己在帮助家人之外的其他人。她觉得这是对社区作贡献。她也知道在社区里大家对于参与这些活动有一种心照不宣的期待。她在抗癌徒步活动和出生缺陷基

---

[1]　Wuthnow, *Loose Connections*, 135–38, 233–37.

金会年度活动上遇到邻居，在学校事务、为病残者送餐组织中也是如此。对"无论什么原因"没空帮忙的"那帮人"，她很是不爽。

就志愿工作而言，无论乡村社区的居民是做得更多还是跟其他地方的人差不多，有两件事是很突出的：首先，小型社区的志愿协会人均比例比大型社区要高得多。具体而言，1 000人以下的社区平均每100人有一个志愿协会，25 000人的社区平均每200人有一个协会，而10万人以上的社区平均每500人才有一个协会。其次，乡村社区居民高度评价作出贡献的人，高度赞赏做志愿工作、组织协调工作的人，看不起那些忙得没空参与的人。[1]

卷起袖子就干、事务自决的干劲是小镇身份认同感和自豪感的一个重要方面。有时候，需要做的事情并不多——在图书馆门前种花、打扫空地、在年度煎饼早餐会帮忙。尽管如此，人们还是说，能为镇上做点事情，他们会自我感觉好很多。

"你见过诺曼·洛克威尔（Norman Rockwell，1894—1978）*的一幅挂历吗？画的是咱们的镇。"说这话的是杰克·斯坦斯沃斯，他在谈论自己的社区斯图尔特悬崖镇

---

[1]　Wuthnow, *Small-town America*, 179-83.

*　诺曼·洛克威尔，美国20世纪早期知名的画家和插画家，作品横跨商业宣传与爱国宣传领域。

（Stuart Bluffs），这是北部平原的一个1 000人的小镇。该镇建立于19世纪70年代，在此之前不久，美国骑兵队刚赶走了波尼人（the Pawnees），一个铁路公司拿下了大部分土地的所有权。斯坦斯沃斯先生现在70多岁了，已经退休，从前在煤气公司工作过，后来做过暖通维修师。"要解决问题，你就得负起责任，在社区里帮忙。"他说。他把自己的时间分给了商会、狮子会（Lions Clubs International）*以及教会的各种委员会。该镇的人口比1910年时减少了，但19世纪90年代在主街两边建立起来的高大砖楼得到了良好维护。斯坦斯沃斯先生亲手修缮过这两栋楼。"让它们屹立不倒，"他说，"我对这些成就感到特别骄傲。"

跟其他地方一样，小镇上的团体除了推进具体事项之外，闲聊也很重要。基本上随便哪一天，教会或者军团大厅总有团体活动。这些活动让耄耋之年的老人们在出门或者开车时依然能感到安全。他们真心觉得小镇上的节奏是比较慢的。不过通过这些活动也能组建起解决事情的人际关系网络。镇议会马上就会从活动中听说他们提议开一家健身中心或者自助洗衣店。但不利的是老前辈咖啡俱乐部的成员很可能也是反对新事物的那拨人。

以推进社区工作为使命的正式组织更可能是同济会

---

* 国际狮子会于1917年成立，是世界最大的服务组织。

（Kiwanis International）*、狮子会、商会、海外战争退伍军人协会（the VFW，Veterans of Foreign Wars）**以及一些特定目标的委员会，比如医院理事会、图书馆理事会、学校理事会等。这些努力受益于一个事实：众人期待小镇的上流人士担起领导角色（他们通常也会担起这个责任）。湾谷镇的卡希尔先生参加镇议会是一个例子，萨默斯先生担任新堡镇商会主席也是一个例子。诚然，这类组织不少都是全国性组织的分支机构，无论地点在何处，都要遵循同样的工作流程。但是在小镇上，同一拨人每周都相见，彼此熟识。他们能发起一些本地的项目，让自己在社区中获得一种权威感。他们能从最适合社区的角度出发，按自己的方式做事。比如说，新堡镇的市政团体最近建了一个新图书馆，但他们并没有造一栋新楼，而是改造了一栋老房子。"感觉跟咱们镇子挺契合的。"参与规划的一位人士如是说。

但是，乡村社区正日益面临这样一个现实：办成任何事情都需要州级、地区级机构协调。例如，美地镇农民约翰·米克斯参加了农场局、州小麦种植者协会、地区分水岭

---

* 国际同济会是一个以"关怀儿童，无远弗届"为任务目标的服务性组织，1915年1月21日创建于美国密歇根州的底特律。

** 海外退伍军人协会由1899年美西战争刚结束后成立的三个全国性退伍军人协会于1913—1914年合并而成，主要政治主张是追求强大的军事力量和建立更加健全的退伍军人福利制度。

顾问工作组。这些机构把小地方跟大利益集团联系了起来，但像米克斯这样的人担心，比起孟山都（Monsanto）、康尼格拉（ConAgra）*之类的大型农业综合企业以及环保团体来说，他们是人微言轻的。

我发现，许多小镇多年来产生了太多的志愿组织，以至于随着人口环境和政治环境的变化，这些团体最终是在争夺稀缺资源，而没有真正地代表社区的最大利益。比如，新堡镇为了成立一个叫作"四方面"（Four Sectors，指学校、州政府、农民、企业）的新组织（该组织选择了几个项目并且努力说服州政府给予资助），几乎在各种志愿团体里打了一场迂回战。

尽管新堡镇获得了一些成绩，但一些规模类似的小镇却还没头绪，他们不知道要联系州政府的哪个人，即使知道怎么联系也差不多等于白费劲，因为州里的预算很紧张。在没有经验可以借鉴的情况下，撰写正式资助申请书以及处理附带条款、责任要求等也是一项挑战。

在我调查的社区中，许多镇经理**表示，随之而来的困难是，当地居民抱怨有关方面没有采取实际行动解决他们的问题。举例而言，希拉·安克霍兹在东海岸一个 20 000 人的社

---

* 孟山都是美国知名的跨国农业企业，康尼格拉是美国最大的食品制造商。

** 美国乡镇实行自治，自治形式有委员会，也有这种雇佣制的职业经理。

区当镇经理,大部分迹象表明,该镇的情况比周围的镇要好些。然而,该社区最近损失了一个长期存在的制造工厂,许多居民就业不充分,只能做兼职,去要通勤50公里的城市工作。为此,居民们既愤怒又忧虑。

"有不少人在吵闹。"她说,"他们骂的事情可能完全没道理,但他们需要发泄。"于是,他们出现在镇里的会议上,或者来找她。"拨开层层迷雾大家发现,很多时候这种问题在就这个层面上是不可能解决的。让大家理解这一点很难。你可以告诉他们理由,但他们是纳税人,认为还是应该有人来解决问题。"

经济发展

实际上是否能满足就业需求,对于想要唤起文化生机但本身又面临艰难处境的小镇来说才是一项挑战。在任何规模的乡村社区,通常是由一位受薪的或志愿的专业人士领导的委员会来主要承担跟踪本地市场、密切关注商机、参与地区规划会议、争取拨款的职责。

我们访谈过的拓展事务主管都不约而同地表示自己的郁闷。他们也许成功地阻止了一些工作机会的流失,或者引进了新的工作机会,这些成就为他们在社区中赢得了赞誉,然而,要成就一番目标远大的事业几乎是不可能的。失败的原因通常有，小镇的位置过分远离城市，附近没有州际高速公路。这地方只是一个被大玩家包围的小不点。

在我们调查的某个渔村，我们访谈了一位名叫汤姆·弗伦奇的市经理（city manager）（他怕我们以为他把一个9 000人的小镇称作城市是在装腔作势，解释说"市经理"只是一个法律术语），他确凿无疑地表示，哪怕小镇的经济发展成功了，通常也是无济于事的。我们采访汤姆·弗伦奇时，他即将结束为期15年的市经理职务。他在这里长大，曾经不在乎所谓的"人才流失"。他在18岁时离开，去大城市体验生活。25年后他回来了。他了解社区的历史，知道它是何时从航运业转变为造船业再转变为渔业的，懂得它应时而变的经济形势。

在他看来，障碍在于，经济发展成了那些自作聪明的经济学家们的专利——"哦，我们可不在乎你们怎么想，"他们说，"你们应该这么做。"——他回到家乡前听的就是这种人的话。他从前的工作有不少值得骄傲的成功事例，但后来有一天他醒过来说："我在为谁做事？"

"我发现，这个社区的情况是好转了，但是大家也都搬到其他地方去了。"他跟家乡人说，"我们必须小心斟酌自己的诉求，因为，发展这里的经济就意味着本地人就得离开，让其他人过来享受成果，我们就失败了。"

他喜欢的做法是"自下而上"。他承认这种做法有些"政治不正确"，因为它认为普通市民是最熟悉自身状况的，而政客们一般只是为了一己私利。

"自下而上"也不意味着要召集一个议事委员会。他说，这件事的麻烦在于：有时间参与委员会的人，并不是你想要的人；你想要的人又特别忙，因为他们在忙于追求工作成就。

"我的做法是，想出一个自己感觉还不错的主意，然后去你家聊聊，消化一下你的看法，接着去杂货店跟店老板聊聊，接着再去本地的汽修站。我回来，把所有情况都消化一下，修改出一个更能让人接受的方案，然后再去问一圈，也许要反复来几轮，直到我觉得大家已经达成共识。然后我站出来说：'各位，你们的想法太棒了。好的，咱们就这么干吧。'"

弗伦奇先生的做法基本上是对小镇文化特性的致敬。人们希望感觉自己在社区决策中有话语权。他们就像是拼图的碎片，少一片都不完整。他们住在同一个地方，但考虑问题都有不同的视角，这些都是要在社区自然资源、人力资源的框架里进行考虑的。

不过，我们有理由谨慎看待这种像弗伦奇先生的小镇观点。正如弗伦奇先生说的，通过反复跟杂货店老板、汽修师傅和邻居们协商来解决本地事务是"政治不正确"的做事方法。它耗费时间，多半会忽视专业人员的意见。它不信任政客，尤其是联邦政府的官员。他想知道："我们是继续现在所做的事情，还是让联邦政府来给我们捣乱？"

"我们从一个垂头丧气、迷茫失落、自怨自艾的社区变成了一个自力更生、富有活力的社区。"他说，"政府可以帮助我们，但它最好别碍事！"

像弗伦奇先生这样的小镇领袖对政客和政府表达的不满，并不是说他们担心在实现本地愿景上会受到阻挠，而是他们心知肚明，社区远没有他们希望的那样自立自强。他们虽然鄙视外来的专家和政府机构，但也知道社区是依靠它们的，就像社区发展日益依赖全国和国际市场一样。

扶贫帮困

虽然农村社区存在吸引企业入驻及大规模经济转型的重大长期问题，但10%左右的失业人口及20%左右的未充分就业人口以及需要援助的人是迫在眉睫的挑战，需要权宜之计。当贫困人口比较少的时候，小镇通过私人慈善解决这一问题。穷困的寡妇、卧病在床的农民如果在社区中为人熟知，通常可以依靠邻里的帮衬。在很多事例中，私人慈善同样能惠及那些本来就不属于"他们"阶层的居民，前提是他们的人数起码没有太多，或者他们会用找到工作、加入教会的方式表示感恩。在提供免费餐食、庇护所的社区中心或者在默默资助一些家庭用电用暖的教会执事基金会，进行捐赠、从事志愿工作是很普遍的。讨厌政府的言论也没有阻止他们参加地区性食品银行、公共福利计划。

当人口发生变化、贫困者增加时，依靠志愿者帮助贫困者的传统也会逐渐力不从心——当偏年轻的人搬走，留下不断老龄化的人口时，这种问题就会恶化。比如，湾谷镇的辛普森牧师跟我们说，他教会中的两位先生每周两次为帮贫扶困做四个小时的志愿工作。去年他们帮助了500个家庭。他都不晓得他们是怎么办到的，他希望志愿者多一些。还有一位先生有时会从海滨开车过来，给需要工作的人提供照拂。但受他照拂的人大都不具备工作能力。在全县范围内，每十个可就业居民中就有一个是残疾人。

新堡镇的情况大体相同。我们访谈的一位牧师加入了社区老龄化委员会，他说委员会很难跟得上当地的需求。另一个教会维持着为残疾人服务的场所，志愿者帮助接送不能开车的邻居去看病。但是在全美范围内，数万乡村居民因残疾而无法工作，尤其是当现有的工作机会需要长途通勤，需要繁重体力劳动的时候。[1]

不过，从小镇居民关于帮困扶贫的叙述来看，大有关联的问题是，谁是真正的贫困者，谁是在钻制度的空子。在人们习惯自力更生的地方，残疾者、失业者通常会被怀疑在钻

---

[1] Terrence McCoy, "Disabled, or Just Desperate? Rural Americans Turn to Disability as Jobs Dry Up," *Washington Post*, March 30, 2017.

空子。美地镇的理查德·普鲁伊特领导了一个负责搜寻工作机会以及培训上岗的委员会。在这种身份下，他认为自己的责任是尽最大可能去帮助那些没他这么幸运的人。他说，帮助别人不仅仅事关自己的工作职责，还在于"要是不能这么做，我从小受到的道德教育会让我心中有愧的。"他自己的这种道德责任感与他想帮助的人是有关系的。"安全保障体系是一定要有的"，他指的是政府的资助项目，"但是，不能工作的人跟不想工作的人有微妙的区别"。鉴于这种情况，他认为，在政府不参与的情况下，你能做的助人好事越多，情况就越理想。其原因是，实际操作起来的项目可以使用更人性化的方法，至少他希望如此。

实际操作起来通常也需要经费到位，除非增加当地税收或争取到外部资金，但没有经费的情况倒是越来越常见。获得外来的赞助是需要竞标的，这意味着一个社区在向另一个社区咨询意见时会感到尴尬，而且更复杂的是，要是希望州和联邦机构负起更大的责任，那么在撰写拨款申请书、报告书上需要的时间及技能就不是小镇的一个小机构可以应付得了的。更糟糕的是，如果已经超越了州和联邦局的党派之争，那就意味着得要政治手腕才有机会获得资助。

乡村居民绝不仅仅把问题当成既成事实接受，他们还很容易责怪自己没有更加努力。例如，萨默斯先生就很烦恼，他认为新堡镇落后的原因是社区在过多寻求外部帮助，比如向州里请求资助或者去其他镇上为老年人寻求医疗服务和生活援助。"在乡村社区，不是所有的服务设施都近在咫尺的，所以我们会依赖其他地方。"他说，"我不是想搞孤立主义，但我觉得我们应该更关心自己镇上的主街。那起码是过去的榜样。如果我们对自己有更多期许，情况应该会有所好转。"

这些困难更加重了小镇身陷重围的感觉。问题太大，无法自行解决，哪怕社区希望自力更生。居民们的诉求变多了，可贡献的志愿工作时间往往更少了。解决问题更加不是地方上力所能及的。乡村社区从来都没有完全掌握过自己的命运，但生活其中的人们如今有理由觉得，他们对此竟然比过去更加无力了。

如果说乡村居民更偏爱那些把问题归咎于其他人——华府官员、少数族裔、外来移民——的呼声，那么我们必须清醒地认识到乡村居民在自身遭遇到看似无法克服的问题时的心理压力。我们进行的访谈经常会被打断，因为受访者在讲述自知永远无法实现的目标以及随之而来的沮丧时，需要暂停一下以平复心情。他们总的来说都接受了这样的事实：生活原本如此，无论这意味着要放弃职业生涯、惨遭失业或者农场倒闭，还是年纪大了孩子不在自己身边。

本人在《于血脉之中》（*In the Blood*）一书中谈到的一位农民积极地回答了我的提问，但在访谈最后说，他还有话要说。他说，几年前他特别灰心，真想一死了之，但他熬了过来。而我所认识的另一位农民就自杀了。[1]

宗教信仰

乡村居民说，跟许多大社区的美国人一样，因为他们相信上帝，所以他们可以消化挫折。托拜厄斯家的赫布和琳达是一对年过五十的夫妇，在中西部地区打理一个400多公顷、三代传承的玉米大豆农场，他们的生活在这方面是一个典型案例。他们每个礼拜日都会去麦克莱兰镇（McClelland）的浸信会教堂，该镇离他们的农场将近20公里。此地的树木在夏天吹拂的干燥热风中艰难求生，大部分房子都是朴素的平房，外表看起来也是历经沧桑。建于20世纪80年代的浸信会教堂是一个有着大教堂屋顶的大型砖砌建筑，有一个扩建的联谊大厅、一个训教侧厅，这在任何社区都是值得自豪的。但托拜厄斯夫妇坦诚自己颇有怨言，因为他们这个小社区很难吸引到优秀的牧师，去年来的这一位有时候会让他们摇头。不过他们感觉，帮助他们度过艰难日子的，更多的是上帝，而不是教会。

"几年前，我们马上就要还清债务了，"托拜厄斯太太说，"我们打算买点新机器，可是那一年作物歉收，我们又负债了。"

---

[1] Wuthnow, *In the Blood*.

托拜厄斯先生插嘴道："在教会里大家也都很生气、很不开心。没有人能还清债务，而且我们在考虑，可能要放弃牧师了，也许还要关掉教堂。除了这个之外，我母亲病逝了，我父亲需要经常照顾。需要操心的事一大堆。琳达和我担心挺不过去。但我们挺过来了，上帝在冥冥之中给了我们力量。"

听到小镇居民谈论自己的信仰，我不禁疑惑他们是不是有些迷信。他们相信祈雨得雨吗？他们会为祈盼上帝保佑庄稼而给教会捐款吗？

哪怕心里这么想，也没有人会承认。确切地说，在生活中他们除了面对那些常见的不确定性因素（疾病、事故、亲人亡故），还会面对恶劣天气、作物歉收、市场变动等不确定因素，这些因素可能会让谨小慎微的农民以及依赖农民的小镇店主们破产。

信仰不能快速改善他们的家庭财务状况和小镇经济。局外人可能会说，信仰的作用是极为抚慰人心的。确实，信仰让他们不至于过度灰心。在艰难时日，信仰帮助他们把眼光放得长远一些，有时候还能引导他们坚持当下的努力。

事后我也在想，信仰也许在小镇更有意义，因为其他选择不多。写信给州长，希望得到新的财政援助项目，这类努力并无多大用处。去找最近的心理医生大概要花一个小时，就近最好的疗伤手段可能只有药物和酒精。

有天我在某处偏远地区停车加油后，这种想法更为强烈了。我在一条横贯东西海岸的高速公路上行驶，作家们很喜欢走这种路，他们写下关于美国核心地带的札记，寄给城市的报社。那些作家应该没有在这里停留过。除了加油站，这里还有一栋砖砌的小教堂、一座高耸的大谷仓。其他什么都没有。我停车的原因是，我听说这个地方几年前发生过一桩特别的事。

一位在这附近有亲戚的制片人拍了一部关于该社区困境的纪录片。其中一幕里，一位农家女正谈着自己的生活，镜头扫过她家简陋的客厅。这一幕中，你听到了远处的声响，这位农家女走到大门口，站在门廊上，无可奈何地看着一阵强烈的冰雹把她来年的收入一笔勾销。在另一幕中，四五个年轻小伙儿在大谷仓里谈话。他们谈了酗酒、吸毒，谈了自己想要收手，去教堂寻求帮助。[1]

几年后在此再次停车加油时，我听说教堂已经停止了礼拜活动，大谷仓由一个大镇通过电脑运营。我思考着关于信仰的问题，在剩下的那些零零星星的农舍中，信仰可能还保留着。刻板印象中的乡村宗教有着某种圣经地带（Bible belt）*的神学观点，将善与恶严格区分。毒品与宗教，冰雹与丰收，绝望与希望。不难看出，这种神学观点是不乏道理的。

---

[1]　Kirsten Tretbar, *Zenith* (Shawnee Mission, KS: Prairie Fire Films, 2001).

*　圣经地带是美国保守的基督教福音派在社会文化中占主导地位的地区。

4

华府失灵了

WASHIONTON'S BROKEN

华府失灵了
WASHIONTON'S BROKEN

　　美国乡村对华府积怨已久。乡村选民曾经感
谢富兰克林·德拉诺·罗斯福（Franklin Delano
Roosevelt，1882—1945）将他们从大萧条中解救
出来，但对其后来的表现多半是不以为然的。他
们尤其不喜欢农业调整法案*以及罗斯福"填塞法
院计划"**的举动。艾森豪威尔是他们的人，但他

---

* 1933年小罗斯福总统就任后，随即于国会通过农业调整法
案（Agricultural Adjustment Act）以期振兴美国农业。该法案先
针对食品与服饰业课税，再结合美国财政部资金对降低产出的
农民提供补助。1936年，美国最高法院认为征收特定族群税收
以补助农民为非法行为，并宣布农业调整法案违宪，法案大部
分内容遭到废止。

** 1937年2月，罗斯福为削弱最高法院中的保守派势
力，保障其继续推行新政，搬出"填塞法院计划"（转下页）

家乡所在州的农民却不喜欢他的农业政策。他们为支持过尼克松而感到羞愧，卡特也让他们失望。他们同意里根的说法："政府不是答案；政府就是问题本身。"

在2000年以及2004年乡村选民大多数支持了小布什，但我在2007年、2008年访谈过的许多人却对伊拉克战争日益厌倦，对他没采取措施削减赤字、限制堕胎感到不满。他们不太喜欢巴拉克·奥巴马大概也不足为奇，不单是因为他的种族，更因为他是自肯尼迪以来（不包括老布什）唯一没把自己的形象包装成小镇农村背景的总统。他们喜欢约翰·麦凯恩（John McCain，1936—2018），因为他曾经是一位战争英雄，他们还喜欢萨拉·佩林（Sarah Palin），因为她自称来自小镇并为美国草根人民代言。

在我访谈的社区里，选民关于联邦政府的评价在我们谈及的话题中是最为激烈的。他们对于镇经理或镇长也偶有怨恨。不过，地方官员只要是懂得社区惯例的局内人，一般起码能得到及格分。州长、州议员得到的反馈就有好有坏了。不加税的州长、经常走访社区的代表会得到正面评价；其他人就不行了。联邦政府是不一样的，它很遥远却又很碍事，专业化却又缺乏常识。

（接上页）（court-packing plan），试图将大法官人数从9人扩充至15人。该计划后来被参议院司法委员会否决。

对于追踪政治头条新闻的人来说，也许很明显的一点是，乡村选民对华府没能降低本地失业率、没能减少税收很不开心。在听本地人讲述时，一个别样的图景会浮现出来。小社区有能够解释现状的历史故事。湾谷镇以白人为主的居民耳熟能详的故事是联邦政府在重建时期（Reconstruction）* 对他们生活的侵扰。关于重建之前以及结束后发生的事，他们并没有多说，但有些老辈人记得，在1964年林登·约翰逊力主废除种族隔离时，他们给戈德华特（Barry Morris Goldwater，1909—1998）** 投了票。美地镇的故事说的是，他们早期的定居者为了逃避欧洲各国政府的迫害来到美国，自那以后他们的后代对强大的政府都持怀疑态度。新堡镇的故事讲述了他们在南北战争中为北部联邦战斗的历史，这对于一个新英格兰小镇来说不免奇怪，因其背景是小镇居民有一半都支持南方主张州政府权力而反对联邦政府。

在湾谷镇距离县政府大楼一街之隔的街道上，拉夫·帕特森牧师主持着镇上最大的新教教堂。在大部分礼拜日9点、11点的礼拜活动时，圣所里几乎座无虚席。这里的居民对待

---

* 美国重建时期是指美国在1863年到1877年试图解决南北战争遗留问题的尝试。

** 这里指的是巴里·莫里斯·戈德华特，1964年美国总统选举共和党的总统候选人。戈德华特被视为是20世纪60年代美国保守主义运动复苏茁壮的主要精神人物，常被誉为是美国的"保守派先生"。

自己的宗教信仰特别认真。帕特森牧师是本州人，熟悉这个社区的情况。他对于本地事务的态度是诚心赞赏。他用平静而自豪的语气谈论着慢节奏的生活方式、安全感、人人互助。他说，最近一个家中经济支柱失业的三口之家得到了救助，就表明了人们如何在上帝的国度扮演着应有的角色。"这种感觉太棒了。"他表示。当你看到别人帮助他人或者得到帮助时，"这一刻，我们超越了自己"。

但帕特森牧师在谈到华府时，语气就变了。怎么做才能让社区的情况得到真正好转？"华府要选个新领导！"他在意识到这个问题的本意不是关于政治后停了停，但又接着说："华府的官员，不管是哪个政党的，那些人根本不了解湾谷这里的情况。他们不想听我们说，他们不在乎！"

他说，他们在乎的只是自己的特殊利益团体，在乎自己在选举中连任。"我们这些人特别想去那里搞一次彻底大换血！"他大声道，"只是想把一些有常识的人选进华府。"如果说湾谷镇的居民是靠常识生活的，他不理解联邦政府为什么不能按同样的方法做事情。

这还让他想到湾谷镇人讨厌华府的其他原因。"华府的那些人，自以为比我们明白，他们拿我们当二等公民对待，好像我们是愚蠢的乡巴佬，好像我们不了解现在的情况。"

帕特森牧师几乎预见到了2016年的选举结果。他声称："我觉得，再过几年，华府那些人会后悔莫及的。大家都受够了，我们想把其他一些有常识的人选上去。"

华府遥不可及

乡村居民对于华府最常见的抱怨与帕特森牧师的评论较为类似。华府在地理上、文化上都远离他们的社区。就他们所见，联邦政府根本没兴趣试着理解乡村社区的问题，更谈不上采取措施来解决这些问题。这种情绪特别普遍、特别强烈，以至于我们难以摸清它的真正含义。显然，这种情绪不仅仅是一种本能反应，它跟联系乡村社区习惯生活方式的各种纽带是紧密相关的，而华府就是拆散这些纽带的罪魁祸首。

小镇生活的基本面不仅仅是"乡村"，而且更为"细小"，也就是说所发生的事情都近在眼前，居民们能亲眼见证，近距离感受到，从而能够理解并且有望施加影响。不管华府在人们心目中是在"上面""下面"，还是其他什么地方，它都太遥远了，我们访谈过的人都无法理解它——"太远了，我只能感到无奈。"他们也很确信，华府并不理解他们。"他们就是不愿意听我们这里的人说。"

不管华府愿意倾听的对象是谁，他们都不是"小"人物。不是小农民、小企业主，也不是住在小地方的人。他们是"大"人物，是大的利益集团、大城市、大企业、大农场主。华府本身就很大，大到不可能办成事，被那些只知道吹牛皮的公子哥们把持着。那里是"一帮自以为是的家伙",想出一些并不实用的漂亮点子。华府在想方设法挽救或者调整大银行,而与此同时小银行却在受苦。华府在迎合农业利益集团和政治说客,置小农民于不顾。"关心小人物"是一个被人频繁提及的诉求。

华府与乡村地区的疏离感让人想到数十年以来我们对城乡差别的感受。到了19世纪末,乡村在许多城里人的眼中已完全变了样,既粗鄙又无知。那个曾经激发杰斐逊主张平均地权论的理想之地,现已有大量人群恨不得逃离农场,到城里去过上更好的生活。乡村人可以争辩说,(这是"乡村土耗子"跟"城市时髦人"的对决)城市中虽有黑帮肆虐、奸商横行,但当时缺少并渴望电灯和室内管道的人是他们,20世纪门肯(Henry L. Mencken,1880—1956)*笔下所言"类人猿农民"(simian peasants)以及理查德·霍夫斯塔特(Richard Hofstadter,1916—1970)**所说的"偏执狂风格"(paranoid style)也是他们。[1]

---

* 门肯是美国著名评论家,著有《美国语言》《偏见集》等书。

** 理查德·霍夫斯塔特是当代美国著名历史学家,著有《美国生活中的反智主义》一书。

[1] H. L. Mencken, "On Law Enforcement," *Chicago Daily Tribune*, December 11, 1927; Richard Hofstadter, "The Paranoid Style in American Politics," *Harper's Magazine* (November 1964); 再印于 *The Paranoid Style in American Politics, and Other Essays* (New York: Vintage, 2008); 作为2016年总统大选的背景情况引用于 Thomas B. Edsall, "The Paranoid Style in American Politics Is Back," *New York Times*, September 8, 2016,以及 Conor Lynch, "Paranoid Politics: Donald Trump's Style Perfectly Embodies the Theories of Renowned Historian," *Salon*, July 7, 2016。

在我的访谈中，乡村选民认为华府袒护城市利益的看法频频出现。"不要忘了我们，"一位中西部人呼吁道，"也许我们的人口没有城市多，但我们代表了城市永远不会有的一种东西。"另一位说："不要只关心你们城市地区，我知道钱在那里。但关心关心你们的乡村地区吧，那里的道德观和价值观依然强烈。"然而，这些担忧反映了21世纪的现实以及由来已久的疑虑。例如，当他们被追问所谓城市利益指的是什么时，回答通常是奥巴马政府帮助华尔街和通用汽车摆脱困境的事情。

他们对于"华府"和"城市"的看法其实差异很大。他们当然觉得在根本上城市与小镇不同。你在城市里很难搞清方向，更容易成为犯罪事件的受害者，难以像在乡村一样秉持人人都一样的信念。然而，城市并不是未知的所在。我们访谈的许多小镇人都在城市度过假，在城市做过生意，认识住在城市里的人。住在城市里的子女甚至邻居家的子女要是过得好的话，他们会自豪。许多人有住在城市里的兄弟姐妹。城市也并非是不受欢迎的地方。城市是好玩的去处，他们去过城市，而且会对进过城这件事津津乐道。城里人可能需要认识小镇的重要价值，但我们聊过的乡村人没有一个声称乡村社区才是"真正的美国"。

对城市的看法很少会导向对于富人的负面评价，而富人们显然大多住在城市里。他们偶尔会抱怨自己社区里熟悉的某位富人摆着架子。除此之外，对于富人的评价通常是赞许的，由此可知：他们社区中富有的农场主、企业主、医生等群体是通过辛勤工作赚到钱的，这些人对其他人不错，为了支持社区组织做了分内甚至更多的贡献。这些方面的看法与19世纪90年代民粹主义者表述的乡村人怨言是大有不同的，后者的批评主要针对铁路大亨收取剥削性的运输费用、东海岸银行家对农业贷款收取过高的利率。在这些方面，受访乡村人的生活与海滨城市里的有钱人很少有交集。

华府扰人不倦

华府的不同之处在于，它不仅仅又大又遥远，而且感觉它是在用造成危害的方式侵扰着小社区。最能表述这种观点的说法是：就是华府"不管我们"了，那华府也不会坏到哪里去。但是华府并没有不管他们。当学校或者改造项目需要资金的时候，它出现在他们的集体生活里。它以规章制度和税收的形式出现在他们的个人生活里。

镇经理、镇长、镇议员大多认为，华府通过不给经费的授权来干涉社区事务。有一个社区的领导不大高兴，因为要求他们建一个新的垃圾处理场，以符合联邦政府的规定。还有一个镇的领导表示，由于新的规范，他们镇的医院面临着关门的危险。还有一些怨言则集中在为残障人士提供应急预备方案及膳宿条件等方面。

"你们拿一大堆任务砸在我们头上，"东海岸一个5 000人社区的镇经理解释道，"但是很困难。我们就是没有钱啊。"他接着说："如果这些事必须做，就意味着像警局、公园、垃圾回收、学校这些对大家真正有影响的事业会成为裁减的对象。这太闹心了。"他们的担忧在于，联邦政府的这些强制执行令不见得是坏主意，只是镇里的预算已经很紧张了。如果有资金，镇领导是乐于照办的。

受到茶党鼓动的人就不这么看了。他们认为，联邦政府的行为不单是侵扰，而且是违宪的。正如西南某州的一位活动分子所说的："我们希望掌控局面的是本地人而不是联邦政府。我们必须遵循宪法的精神。联邦政府插手了很多与宪法职责无关的事情。有些事我们就不应该参与。负责当地事务的应该是当地人和州政府。"

对于并非活动分子的居民来说，他们的怨言一般集中在税收上。各地纳税人大概都有——税收太高的感觉。除此之外的怨言还有，税收资金从小镇流失，补助了一些对小镇并无助益的项目。这就是对政府救助华尔街、通用汽车的怨言。正如一位南方小镇的女士所说："大公司能得到税收优惠，却要小社区为他们买单。"这种怨言也出现在对城市改造、住宅项目的批评中。不过，这些担忧往往并不具体，只是认为华府不了解情况瞎指挥。

在这方面，农民远比普通的小镇居民更为知情。农民的生计受到了政府农业政策的直接影响。这些政策对我们调查的许多社区也产生了重大影响。除了在当地经济中的作用，它们还影响了舆论，通常是通过在县里的议事委员会发挥作用。对于半退休的农民以及农闲时得空的农民来说，舆论则发生在当地的咖啡馆里。他们的观点是，政府就不应该插手农民的生活。"别指手画脚，让我按自己的心意做事。"一位来自大平原北部的人说。另一位说："别碍手碍脚的，让我自己尽情发挥。"

他们的评论中类似"一边儿去""别管我""不要插手我们的生活"之类的情绪反映了多年来农民们的郁闷心情，他们感觉自己像是任由贸易政策、贸易计划摆布的棋子；今年的目标是抑制供给，明年又要刺激供给。这里面有时还体现了农民们所谓的自卑感，这种自卑感源于他们感到自己因为住在乡村、干体力活而被别人瞧不起。他们觉得，自己跟其他人一样聪明，跟得上关于农学、畜牧业、环境等的最新资讯。正如一位女士表示的："别因为我是农民就觉得我很笨，什么都不懂！"许多人是在用价值数十万美元的设备干农活的。他们觉得，政府总爱放马后炮，对他们的决定品头论足，而没有尊重他们的农耕经验。有位农民说："医生跟政府说，别妨碍我，让我自己行医；我也会这么说。"

但是农民们也就华府提出了一些极有见识的想法。他们每年必须报告自己的耕地面积而且要精确到小数点后一位，要报告收成而且也要精确到小数点后一位，他们心知肚明，无论愿意与否，政府都会参与他们的生活。就像镇上的企业经营者，他们的税收反映了基于燃油价格、劳动成本、资本收益、折旧等之上的利润和亏损。他们根据国际预测以及参与期货市场来计算净收入。他们知道，自己的年收入可能仅仅由于天气就会发生变化。我们访谈过的农民，无论是生产小麦还是玉米，大豆还是棉花，奶制品还是水果蔬菜，都认为政府对农作物的保险补贴是必要的。它不但让农民经营稳定，还有助于让每年的消费价格稳定。

农民对于环境保护规定的看法就比较不一致了。一方面，他们基本同意气候变化是需要解决的人为问题。他们在自己的农场上见识了气候变化的影响，感到石油价格可能会持续上涨，知道有邻居正在尝试使用太阳能以及节能、保水的耕种方法（或者自己正在尝试）。他们大都同意，需要制定规章制度保证食品卫生，监控并限制基因工程，控制外国商品涌入。

另一方面，他们担心，一刀切的规章制度会让小农场主更难维持经营。大型农业企业可以聘用政策说客就生产昂贵的转基因种子以及使用农药施加影响。农业企业还可以聘用律师去质疑关于化学制剂、牲畜栏径流污水、耗水量等的规定，小农场主就没有这能力了。他们说，连记账工作都变得越来越繁重。

湾谷镇附近的一位农民对这种情况做了精妙的总结："我只是想多些自主权，"他说，"但我不知道怎么得到自主权。"他知道，问题不仅仅在于联邦政府在对他指手画脚，还在于全球化经济，在于欧洲、巴西、中国。"我是爱国的，"他说，"咱们国家应该掌控自己的命运。我不喜欢受到其他国家的控制。"

听了农民和小镇居民的评论，感觉他们似乎只会发牢骚，而没有就自己讨厌的法律争取更多的知情权，不懂得如何在法律框架下行事。可是这种感觉也并不完全准确。在我们访谈的农民里，有一些人在州里和地区的委员会任职，有几个还曾经作为代表跟随决策者访问中东和拉丁美洲地区。即便是小农场主，他们对于联邦政府具体农业规章的熟悉程度也是让人吃惊的。

小镇官员在这方面大有不同。按规矩，领薪水的镇经理更加知情，也更清楚地懂得他们必须比民选镇长、民选委员更知情。事实上，我们访谈的人当中镇经理是最郁闷的，但他们的愤怒通常指向本社区居民的无知，而不是华府。

艾莉森·麦克布赖德是加州一个略少于6 000人小镇的镇经理，对于让她工作难办的一系列州和联邦的规章有颇多怨言，但让她最烦心的是一位"心系"社区的公民。有一个愤怒的发声团体会声讨有关部门办事不力，此人就是其中的一员，所以在该镇要去申请联邦拨款时，他自告奋勇地去了。他被陌生的文书手续搞得心烦意乱，给华府打了电话。据麦克布赖德女士回忆，他"大吵大闹"。几天后，麦克布赖德女士接到了华府的电话。"对资助你们镇目前的任何事项，我们真的不感兴趣。"打电话的人说。

华府不按常理

如果乡村人只是不喜欢规章制度和高税收，就难以理解他们为什么认为华府失灵了，以及这跟他们社区的道德结构有何关系。答案在于他们所认为的华府主流文化及其对于乡村社区价值构成的危害。华府与乡村社区在文化上的疏离暗示着，它是作为一个庞大的官僚体系在运转的，对所有人实施普遍适用的规定，不愿意倾听普通人的心声，也不愿意了解地方上的需求和差异。湾谷镇的镇议员卡希尔先生认为，问题在于官员们大都没有像他那样在"个性化、身体力行"的基础上处理问题。"不是因为（官员们）无能，"我们访谈的另一位镇议员解释道，"这些事是很难远程操作的。"他感觉，一个地方跟另一个地方的办事风格往往大相径庭。

就算官僚体制可以运行良好，乡村居民仍然担心，官僚体制在本性上是不利于施行良政的。它不是有序而高效的，而似乎是混乱而低效的。就像某一位乡村居民所说，奥巴马总统"迷失了方向"，画面昭然若揭：一个迷茫的人穿越各种漫长的走道，去找某个人、任何人寻求答案。

乡村人形容华府失灵所用的话语中也包括对它不按常理的断言。"他们在哪儿想出这些馊主意的？"一位烦恼人士大喊，"陆军采购生菜要五百页的法律条文。"另一位说："简直胡扯。所以大家才会生气。"

"常理"是一种默认的事实，乡村人认为华府在若干方面都偏离了常理。常理意味着行为方式要跟其他人保持一致，这样才值得信任。它所指的是任何善于思考的人都能理解的普通知识，而不是可能只有少数人掌握的深奥专业知识。正如一位中西部共和党党员所说，不知常理可能意味着个人"失灵"，这就会导致政府最终运转失灵。这还反映了一个被广泛认可的观点：华府的卑鄙政策、搜刮钱财的行为让它与普通民众渐行渐远。

一位得克萨斯州乡村人表示，"我爱我的国家，上帝知道"。但他觉得华府没人有任何常理，"那是个迷恋金钱、尔虞我诈、狗咬狗的地方。政治说客们在挖它墙角，它已经垮掉了。我们只是需要一个有点头脑的人，一个上台了能用普通人的方法做事的人。我们只需要这个！"

我们采访的人中还有人表示，华府不按常理在其铺张浪费的行为上体现得尤为明显。这表面上看是对税收的担忧，背后则是文化上的怨言。比如，帕特森牧师认为，常理就是他教导本地教众对如何支配自己的财富要负责任的道理。"我们必须管理好家庭支出，控制家庭预算。"他主张道，"日子变艰难的时候，我们要勒紧裤腰带。我们要省钱。上头华府的想法是哪怕没钱也要花。大家都受够了！"

我们访谈的许多人还认为，如果华府对自己应管理的财富都不闻不问，那对于社区中那些财务管理一塌糊涂的家庭，华府也难辞其咎。如果你觉得社区里的穷人尽管努力工作还是很穷，也许你会同情他们。但如果你觉得责任在于政府救济，你就不太可能同情他们。想象一下，在美地镇，房东会怎么形容自己低收入的租客。他会说，他们很困难，因为他们在麦当劳或者沃尔玛挣的最低工资支付不起一直在涨的汽油费和家人的医疗费。情况会变得更糟。他还会指责政府"给了他们很多东西"，他们"现在都等着"拿食品补贴和租房补助，他们好像没有以前那样在意这些补助了。政府"救济"把他们惯到"坐在家里什么都不干"的地步。

这位仁兄对穷人的批评至少还掺杂了同情，可能是因为他是美地镇比较富有的公民，能够认识到有人在艰难度日。对于另一个在当地一家制造工厂打着一份廉价工的美地镇公民来说，就不是这么一回事了。"让那些福利户起来找工作去，别让咱们为他们买单。"当被问及对华府的看法时他说，并且补充道，"让他们起来干活。咱们在卖命工作，他们拿免费救济，也太轻松了吧。"

人们说，华府除了不按常理，还有一个问题是它什么事都办不成。他们认为，乡村精神之一在于务实。你也许挣不到更多的钱，但可以量入为出。你修补屋顶、修理车子，让拖拉机再坚持一年。你不一定要喜欢镇长，但因为他办事得力你还是会投票选他。就像新堡镇的一位镇领导所解释的，或者你们组成一个本地议事委员会，因为大家都认识，都关心社区福祉，能抛开各自的意识形态和装腔作势，所以事情能够办成。华府就不一样——它"有病"。共和党人和民主党人都通不过任何有意义的法案，这个系统"失灵"了，两方都"腐败"了。

也许是自卑感使然，我们访谈的许多乡村人还觉得，政府对他们的生活指手画脚是一种不尊重人的表现。他们将打扰生活的政策视为自己被瞧不起的进一步证据。他们希望别人对自己有所改观，不用让别人认为他们比其他人优秀，一视同仁就够了。新堡镇附近某村的居民颇有说服力地表示：

> 我是好人，我的兄弟姐妹也是好人。我们挣钱养家，我们参加教会，我们帮助自己的学校，我们支持童子军和4H俱乐部，我们在本地做生意。我们保护环境，我们改善环境，我们是环保主义者。我们主动与人交往，我们是辛勤工作并且聘用员工的企业家。我们相信这个国家！

华府的任何举措以及人们对它的看法为什么会对乡村社区构成威胁，这源于这样一个事实：华府被人们理所应当地认为对美国文化具有重要影响力。正如他们所见，它的影响力并不是不可阻挡的，至少如果乡村选民在城郊和城市里有感受相同的盟友的话，这就能达成他们期望在政治上发生的重大变革。乡村选民知道他们这一部分人是少数派。由于在本社区看到的变化以及在全国舞台上的无助感，他们感到身陷重围。他们希望华府的失灵还不到无可救药的地步，但他们担心情况可能就是这样。

而且，说到选举，他们知道可以让华府稍微见识一下他们的想法。来自一座6 000人小镇的一位男士在预测下一次选举时几乎难以自持。"这里的愤怒和怨气很大，"他说，"我们要让某些人看看，我们有多么不开心。"

道德义愤

当然，美国乡村人的道德义愤有部分显然是由保守派媒体煽动的，这些媒体因为说出了他们的郁闷心情而受到青睐。关于华府铺张浪费、税收、赤字等的担忧更多只是咖啡馆聊天的常见话题，如果受到电台电视脱口秀节目中的保守派专家观点的鼓动，情况就可能不一样了。这些观点的用词也是含沙射影的，而且不完全跟经济有关。华府对乡村人的道德责任感（他们坚信这些责任不但公平正确而且合乎情理）表现出一种冒犯。华府成为了一种威胁，因为它庞大而强势，因为从本质上看，它运作的思路对乡村人来说是陌生的。除此之外，相信常识的人会试着去解决问题。有些镇子上可能有两家多年不和，但小社区的人一般比较希望解决矛盾。你在镇上毕竟会常常见到他们，不解决矛盾就会尴尬。相比而言，政客们似乎在各种问题上都争吵不休。也许比起民主党你更相信共和党，但双方的说辞似乎都不靠谱，任何一方都难以信任。这种事让人窝火。

我之所以把乡村人对于华府的愤怒称作"道德义愤"，正是他们认为联邦政府近年来的基本行动模式对他们生活方式的冒犯。"这种对比再明显不过了，甚而他们不关心具体问题、具体政策"，乡村社区是近距离的、有人情味的；华府是遥不可及的、没有人情味的。乡村地区的人们互相关心，互相理解；华府的人们不关心、不去理解普通人。乡村人懂得适时帮助别人，也懂得适时不去打扰别人；华府无益地侵扰人们的生活。乡村社区脚踏实地、运用常识；华府的想法不切实际、违反常识。正是因为感受到了这种令人不安的文化分裂，人们才会一再地说，华府失灵是这个国家面临的一个最严重的道德问题。

人们对特定政策和官员的愤怒，在于他们大体上认为华府与他们生活在其中的道德共同体存在分歧。政府赤字消费与量入为出的普通人是不相容的。政府的铺张浪费是对乡村人的勤俭节约的反其道而行。迎合大企业和城市的利益与关注小地方是相对立的。在这些方面，有"道德"就是要做毋庸置疑的正确之事，因为它就是占理；而没有"道德"就是行为方式在根本上不同。

如何理解维护或威胁社区生活方式是一回事，审视个人道德与否又是又一回事了。乡村社区的人们并不会对任何撒谎、欺骗、盗窃、通奸的行为有所宽容。恰恰相反，他们更有可能严厉谴责这些行为。然而，其中有些个人行为影响了社区形象，有些个人行为则不会。这完全取决于社区如何理解这种行为。比如说，当地某个青少年喝醉酒，众人可能觉得这是青少年的通病或者这个家庭有问题；而一连串的青少年酗酒事件就更有可能被解读为社区问题。公职人员的情况也是这样的。官员的生活作风不检点，只要不对社区造成危害，小镇居民的态度可以事不关己。但如果对生活不检点的理解不同，他们的态度也可以对此不依不饶。

解读乡村社区对于华府的积怨，还要说明一点：虽说他们希望华府不要插手自己的生活，他们也没有天真到以为这种事真会发生——要是发生了，也没什么损失。以为乡村人头脑就这么简单的看法使得乡村人无知的说法更有市场。显然他们并不无知。他们理解，政府施行有效的经济政策是必要的；他们理解，社会保障、福利计划、农场补贴、财政拨款对社区是有益的。他们的愤怒不仅仅是对华府的气恼，更是对政府角色的困惑。一种生活方式不再像从前以为的那样自给自足，感觉像是对自己的社区失去了控制，哪怕这种损失是必要的。

那么，美国乡村人说自己感到被忽略、被抛弃因而对华府很生气，这种解释就有道理了。他们的愤怒表现在家庭里，体现在农民合作社的谈话中。如果这种愤怒只是针对经济问题，那它就会回应提供就业、增加薪水的建议。但它更多的是一种文化上的危机感，它积累已深，却常常难以形容。这种危机感跟象征和仪式有关，跟狂热的言辞和集会有关。

正如一些分析人士所表示的，这种道德义愤能否把人发动起来，形成一场有组织的民粹运动，取决于其他因素。19世纪90年代的民粹主义产生时，这个国家的城市化还未普及。它在地方社区中形成力量，促使在州的层面上争取改革，把威廉·詹宁斯·布赖恩（William Jennings Bryan，1860—1925）*捧成为普通民众说话的"杰出平民"。它并没有促成拥护者所希望的大规模改革。今天的民粹主义则发动乡村选民去集会、投票不是为了"平民"，而是为了"局外人"。

动员的问题倒是再次揭示了这样一个推测：2016年竞选集会的基础在前八年中就已经被茶党打下了。2010年开展的一项全国民意调查显示，43%的乡村白人选民支持茶党，与之相比，只有19%的城市白人选民支持茶党。不过，城郊白人选民的支持率（38%）只略低于乡村白人选民，这就确认

---

* 威廉·詹宁斯·布赖恩是民主党和平民党的领袖，是颇有吸引力的演说家。他的中西部背景使他明显支持农民利益，反对东部城市的利益。

了民族志研究所揭示的一个情况：这些地区的退休人员、半熟练工人、失业者对茶党兴趣浓厚。[1]较小的集会在镇上举办，但较大的集会自然发生在较大的地方。例如，在得克萨斯州，最大的集会在达拉斯附近的南弗克牧场（Southfork Ranch）举行，估计有50 000人参加。还有些集会在奥斯汀、科珀斯·克里斯蒂（Corpus Christi）、朗维尤（Longview）、威奇托瀑布（Wichita Falls）等中型城市举行。

在小镇上进行的访谈显示了推动该地集会动员的两个因素：一个是关系网络以及出行方便，这使得小镇居民能去大地方参加集会；另一个是领导力，这通常来自于组织教众的牧师。他们大多是白人福音派教众的牧师。在全国数据中，重生基督徒（born-again Christians）支持茶党的概率比其他受访者高两倍半，这是把种族、性别、婚姻状况、收入和年龄等情况考虑在内的。跟其他茶党支持者一样，他们不喜欢华府，不喜欢高税收，不喜欢奥巴马。[2]除此之外，他们诉诸"圣经原则"，利用之前成立的美国家庭协会、草根美国等组

---

[1] Wuthnow, *Small-town America*, 313–18; Theda Skocpol and Va nessa Williamson, *The Tea Party and the Remaking of Republican Con-servatism* (New York: Oxford University Press, 2012); Arlie Russell Hochschild, *Strangers in Their Own Land: Anger and Mourning on the American Right* (New York: New Press, 2016).

[2] Robert Wuthnow, *Rough Country: How Texas Became America's Most Powerful Bible-belt State* (Princeton, NJ: Princeton University Press, 2014), 432–47.

织网络宣传反堕胎、反对同性婚姻。[1]在得克萨斯州，他们在2012年支持里克·佩里（Rick Perry）*竞选总统，支持特德·克鲁兹（Ted Cruz）**竞选联邦参议员。在其他地方，他们动员支持共和党保守派。他们都认为华府的情况已经失控。有几个人宣称奥巴马是反基督的。

　　然而，我们在访谈中听到的愤怒声音大多是人们在咖啡馆里或者做完礼拜后谈论的那种愤怒，而不是鼓动他们与参加狂热集会的"激进分子"为伍的那种愤怒。哪怕他们没有参加某个发声团体，也乐于听到有人大声疾呼。对于普通人而言，这就足够影响他们投票了，有时候还会改变政党偏好，或者在初选中选择更保守的候选人而不选现任议员。他们的感受足够强烈、足够个人化，成了地方文化的一部分。他们身为本社区居民、又身为美国乡村的一员，集体感到愤怒。

---

[1]　David E. Campbell and Robert D. Putnam, "Crashing the Tea Party," *New York Times*, August 16, 2011.

* 　里克·佩里是共和党成员，曾三度连任得克萨斯州州长，政绩显著。他反对堕胎和同性婚姻，反对奥巴马政府推动通过的医疗保险改革法案。宣布参加2012年、2016年总统竞选后又退选，2016年经特朗普总统提名担任能源部部长，2019年12月辞去该职。

** 　特德·克鲁兹，共和党及茶党成员，得克萨斯州联邦参议员，现任NASA委员会主席。他宣布参选2016年总统后又退选。

5

道德滑坡

MORAL DECLINE

道德滑坡
MORAL DECLINE

在我调查的许多乡村小镇中，人们的普遍看法是美国的道德正在严重滑坡。人们说，在华府、在华尔街发生的不道德交易中，道德滑坡是显然可见的。从好莱坞电影描写的糜烂生活、互联网上随手可得的色情影片以及电视中日益普遍充斥的脏话中，道德滑坡是显而易见的。即便他们见到的道德滑坡大都发生在其他地方，他们也认为是对他们社区的一种危害。这与他们心目中社区的良好模样相背离，其腐蚀性影响让他们忧心忡忡。

唐娜·格雷伯是一位在新堡镇县政府大楼附近一家小美发厅工作的发型师。她一辈子都生活在这里——她说"天知道从什么时候开始",她热爱起这里的山谷和周围的群山。她熟知小镇早先的历史,在全社区范围内不少的委员会做事,知道居民以何种职业为生、在何处工作。她说,这个村庄是适合养育子女、孙辈的安全所在,她承认这个社区安于现状,哪怕目前面临了一点经济紧缩,损失了杂货店以及曾经吸引游客的古朴旅馆。她本人希望看到一些吸引新人的举措,这会对她的生意有帮助。但小镇人口下滑不是她的主要忧虑。

她的主要忧虑是她所见到的遍及全国的道德滑坡。对此,她并不觉得世界末日要到了,她并不认为这意味着整个社会在崩溃。只是觉得,不知怎么地,最近二三十年的道德气候变化了,无论是个人、家庭还是政府。她说,人应该完全诚实、遵纪守法。"我尽最大努力遵守十诫,这就是我的个人信仰。如果遵守十诫,你就挺不错的。"

她说,现在的问题是,大家都不教孩子良好的道德规范了,他们一旦出门,问题就开始了。"你得在自己家里把问题解决掉,问题都是从自己家里开始的。"

但她觉得,即使你希望把孩子教育成品德良好的人,你也做不到。政府横插一脚,告诉你什么能做,什么不能做。"你不能打孩子的屁股。你不能按自己觉得应该的方式教育孩子,而且他们还能向县里报警。父母应该有权管好自己的家。"

MORAL DECLINE | 道德滑坡

鳄鱼横行沼泽

我们在全国与各种人的对话中，像格雷伯太太这样对于道德滑坡的担忧以各种形式反复地出现。"大家都是各顾各的。我们过去在苦日子时那种基本的人性善良和人格尊严不存在了。邻居一般会帮助你，但这种事好像渐渐被减少了。"这是新英格兰小镇的另一位女士的看法，她在县政府任职，丈夫从事蓝领工作。"咱们国家的道德结构受到了危害，道德结构上的那些裂痕几乎要大到无法修补了。非常恐怖。"

"感觉像是你自己的手臂被拉脱了臼，"另一位女士解释道，"你在努力保全，你得做点事情来扭转局面，把大家拉回正轨。"她不知道答案是什么，"真让人不省心"。

道德滑坡之说听起来像是政治保守的电视节目上的话题，但在我们访谈的人们当中，它绝不只是一个保守派的话题。举布伦特·米勒为例。他去加州大学伯克利分校上大学时正值20世纪60年代校园激进主义盛行的时期。如今他生活在圣洛佩兹（San Lopez），这个西海岸的小型社区，吸引着来寻找安身之处的城市人，并一直以观念进步而自豪。但是他相信，美国的道德滑坡很严重。"我大概也助纣为虐了，60年代生人，也去了伯克利。"他自嘲说，"我自己也得负点责任。"他解释道，他从小就去教堂，认为宗教有助于建立一种可行的社会秩序，在这种秩序下，人心不会涣散，也不会做出禽兽一般的行为。宗教提供了道德指南，但话又说回来，像他那一代许多人一样，他又放弃了宗教。它太死板，太束缚人。

"我觉得，电视在很大程度上已取代了教会。"他说，"电视获得的全心关注是教会望尘莫及的。电视节目里所宣扬的道德成为这个国家道德滑坡的根源。"他觉得，电视在娱乐方面做得不错，但在教会曾努力营造的社区责任乃至他所欣赏的本社区的睦邻关系等方面，它是一无建树的。"我们对种种崇高的道德所发挥的作用都失去了信心。"

我们访谈过的牧师们应该不会同意米勒先生关于教会道德指南不起作用的言论，但他们确实强烈认同全国道德滑坡的说法。无论是新教徒还是天主教徒，无论是艰难维持的小教会的牧师还是欣欣向荣的大教会的牧师，他们表达的忧虑都超越了对于罪恶、自私、自满等的一般担忧。他们在全国范围和自己的社区看到了道德败坏的迹象。而且作为社区领袖，他们认为有必要对目前情况发表看法。

劳伦·戴维斯牧师对于目前的情况提供了一种特别清晰的观点。她在新堡镇附近的一个奶牛场长大，大学主修动物学，但毕业后不久受到上帝的感召，立志把一生奉献给基督教神职事业。她上了神学院，后来，除了为人妻、为人母，她还在距离新堡镇不远的一个小村庄里的独立教会担任牧师。

"我几乎觉得，圣经预言正在我们国家成为现实。"她说，

"但愿情况不是这样的。但我一再地说，这个国家的唯一希望就是一次大觉醒。"她的意思是，是时候要面对上帝了，就像18世纪三四十年代席卷北美各殖民地的大觉醒运动（the Great Awakening）*那样。

她感到特别气馁。"我为了担任神职付出了巨大代价。我离开了家里传承好几代的家庭农场，放弃了自己爱好的事业。我希望参与那样的大觉醒，但我看不到太多动力。我感觉收效甚微，又无法抽身，可我不能永远坚持在这里。"

"我们的文化一直在衰退，我们的家庭一直在离散，我们的学校越办越差。教会在受伤，经济在受苦，政治局势让人担心。我没办法把沼泽里的水抽干，鳄鱼在四处横行。"

戴维斯牧师会跟教众谈论这些问题。她对自己的消极情绪避而不谈，而是告诉他们，我们在精神上需要一次觉醒，没有这种觉醒，我们就会出问题。她不知道教众们听到了什么，但她相信，他们对周围的世界甚至社区里发生的事情感到震惊、恐惧、困惑。

在强烈认可戴维斯牧师的人当中，有一位叫莱尔·埃兹，他是在新堡镇议会任职的农民。他说自己并不是特别虔诚的教徒，但让他心烦的是，宗教在整个国家一股脑儿地被排到

---

* 大觉醒运动是北美洲在18世纪30到40年代英国殖民时期兴起的宗教复兴运动，是新教徒对抗宗教上形式主义和理性主义的福音运动。

了次要地位。"这个国家是建立在基督教原则上的",他认为,"待人公正的基本方针是基于基督教原则的。但现在有了一大堆法律法规,这个不能做,那个也不能做。我们在所有事情上都失去了对上帝的敬畏"。

埃兹先生所指的法律法规大多是关于政教分离的。在各种访谈中,受访者都在惋惜公办学校不允许祈祷、不能再教授十诫。关于政府在全国道德滑坡上起到的坏作用,这是他们最明确的怨言。

奥克利镇是一个 10 000 人的社区,周围环绕着没有树木的田野、油井以及一个废弃的空军基地。该镇居民约翰·富兰克林哀叹着众人对上帝以及上帝对人之期待不以为然的态度,他认为这助长了美国的道德滑坡。我们访谈的有些人认为道德信仰纯属私事,但跟他们不一样,富兰克林先生强烈认为,为了让宗教影响公众道德,在"公共平台"上必须推崇上帝。他所谓的"公共平台"包括在公办学校祈祷、读圣经、教导十诫以及社区活动开始前要祈祷。"我们当地中学的比赛,赛前还会有祈祷。"他说,"我们还想让学生参与组织自己的学校礼拜活动,早上升旗仪式时由学生领头祈祷。"但他说,因为这些事情已经不由地方层面决定了,社区感受到了阻力。他们对于"联邦政府下发的法定参照标准"颇为懊恼。

有一种观点是,担忧道德滑坡成为小镇生活的一个特征,因为那里的人感觉社区在走下坡路，希望重新过上往昔的美好生活。这种观点或许有些道理，但并不能说明全部问题。有些社区，虽有不少人在哀叹小镇道德沦丧，但小镇在人口、经济等方面的表现并不差。持有这种观点的人并不是唯一的。也许他们在2016年政情中的失望之处仅止于此，但城市里的改革派似乎也倾向于认为情况不容乐观。

与美国乡村对于华府的愤怒相关的一点是，如果有人认为华府是在采取措施应对道德滑坡而不是让问题恶化的话，那他们就是想得美。就这个话题提出高见的、头脑最清醒的人知道，无论哪个政党获胜，道德滑坡都不会停止。他们知道，扭转局面的关键在于从家庭、学校、社区开始。他们只是希望华府不要碍事——或者不要添乱。

美地镇附近某个农业村的简·尤因牧师说得特别妙："我们变成了一个充满忧虑和愤怒的社会，而不是一个为了国家利益齐心协力的国家了。"她说，"这毫无帮助，这不能让我们在社区里按照原本应该的方式生活。"

人工流产

当美国乡村人具体谈到让他们不安的道德滑坡问题时，堕胎是他们最为在意的。当然，也不只是他们关心这个问题。许多反对堕胎的大型集会是在城市、城郊举行的，近几年关于此的主要争论也在州议会里发生。但是，对于堕胎的反感情绪在小镇是尤其强烈的。事实上，全国性调查的证据显示，除了强奸、乱伦，在所有情况下均反对堕胎的概率会随着小镇规模变小而稳步上升，这已经考虑到了因年龄、性别、教育程度、宗教带来的其他差异。相比人口不少于250 000人的城市，在最小的镇子反堕胎率要高出三倍以上。[1]

2009年，当提供堕胎服务的乔治·蒂勒（George Tiller）医生在威奇托市郊他做礼拜的路德派教堂被枪杀而死时，我正在对《红州宗教》（Red State Religion）一书做研究，这是一本关于堪萨斯州保守派宗教和政治的著作。这起杀人惨案使我有机会采访到人们在事前事后对于堕胎的看法。不足为奇的是，大多数人都憎恶这起杀人案，但对于堕胎却有着不吐不快的强烈看法。比起支持女性自主选择权的发声，许多人更反对堕胎。不过，事后看来，这次杀人案不但在堪萨斯州标志着一个转折点，而且在全国也迅速推动了关于堕胎话语的转变。[2]

这起杀人案件在很多方面标志着威奇托20多年来各种反堕胎行动进入高潮，这些行动中最著名的是拯救会（Operation

---

[1] Wuthnow, *Small-town America*, 269, 436.

[2] 从1975年开始并导致2009年蒂勒被害案的反堕胎活动详见Robert Wuthnow, *Red State Religion: Faith and Politics in America's Heartland* (Princeton, NJ: Princeton University Press, 2012), 287−303, 326−30。

Rescue）*在1991年组织的所谓"仁慈之夏"行动。这次杀人案中，有3 000多名激进分子被捕。拯救会撤离后，激进行动继续进行，大多由几个大的新教教会和天主教教会组织。1993年，蒂勒中枪受伤，但第二天就回去工作了。电视传道师杰瑞·法威尔（Jerry Falwell）、帕特·罗伯逊（Pat Robertson）到访威奇托并对反堕胎行动进行声援，并且认为，尽管堕胎得到华府支持，但仍需禁止。

宗教右翼的反堕胎主张持续动员，从其他全州乃至全国性的"维护生命"组织获得了支持。在1998年堪萨斯州州长选举中，79%的接受民调者认为自己社区的道德严重败坏，72%说他们关心候选人的道德价值取向。两位候选人均宣布反对堕胎。

十年后，在堪萨斯州以及其他许多共和党主导的州几乎达成预设结论的是：共和党候选人如果不反对堕胎就无法赢得选举；即使经济政策等其他问题也受到关注，但反对堕胎仍是胜选的不二法门。所谓的"价值取向选民"能够改变选举结果，这使得托马斯·弗兰克在2004年回答"堪萨斯州怎么了"时说，教会和地方政府中的右翼思想活动分子为数众多。

---

* 拯救会是美国的一个反堕胎激进组织，致力于前文提到过的罗伊诉韦德案的翻案。

2009 年在堪萨斯州乡村地区以及其他州的小镇进行的访谈显示，关于堕胎的斗争已经发展出四个清晰可辨的主要立场方。第一方包括在社区扮演领袖角色、在小型社区建立联系、在城郊有拥趸者的活动分子。许多小镇的活动分子就是当地的牧师，其在教会中的领导地位使他们拥有一群既定的听众。他们在州首府举行守夜祈祷，向议员游说，每年一月还在华盛顿特区组织大游行以示对美国最高法院的蔑视。他们还向教众布道反对堕胎，在当地举办守夜祈祷，想方设法用真实事例说明堕胎的罪恶。

例如，新堡镇的一位天主教神父说，本社区的人都知道，一位信教的妇女在几年前做了一次堕胎。他并不同情她，说他在跟教众谈话时从不会透露她的名字，但他不是一定不能说的。堕胎不过是良善人士理应反对的恶行之一。这位女士离了婚，生活不检点，到处跟人上床，最终怀了孕，然后决定终止妊娠。一个表面上接受保守价值观的人竟然做出这等事情，真是令人不齿。"她不顾一切约束，做出了与自己所谓的信仰完全相悖的行为。"

这位神父当然是一位独身者，但很多已婚男性，无论是否神职人员，都与他的看法相同。在他们看来，堕胎就是谋杀，是在杀害婴儿。他们认为堕胎在任何情况下都不合理，哪怕是强奸、乱伦或是要拯救母亲的生命。他们心中觉得，选择堕胎的女性是软弱的、不道德的，没有尽到做母亲的责任。帮助她们的医生应该被勒令停业——甚至应该受到更严厉的惩罚。正如一位南方浸信会的反堕胎活动分子所说:"乔治·蒂勒是一个冷血的杀人犯,他亲手杀死了八万名婴儿。"他希望政治家能把堕胎界定为谋杀,这样的话蒂勒就能接受合法的审判和处决。

第二方群体包括了坚决反对堕胎的普通居民。他们一般会简明扼要地总结自己的观点,就好像表态反堕胎已经太多次了,懒得再多说什么,即便他们的态度还是强烈的。他们用类似"生命是神圣的""生命是宝贵的""生命始于胚胎""我维护生命""我认为那是一个婴儿""我反对扼杀生命"等言语来总结自己的立场。对他们来说,这个问题是不容争辩的,通常在《圣经》经文或教会训示中早有定论,就像遵守十诫、妻子要顺从丈夫一样。许多人还觉得堕胎完全没道理,因为,就像美地镇一位家庭主妇所说:"很多人想要孩子,却生不了。"另一位家庭主妇说:"鼓励收养,支持危难孕妇帮扶中心。"她年轻时参加了威奇托的"仁慈之夏"行动,但如今让她欣慰的是,反堕胎运动已经改变了方向,更多的是鼓励收养。

强烈反对堕胎的居民大都说,哪怕本人没有参与反堕胎活动,他们的立场还是会影响其投票意向,而且他们感觉到社区里的大多数人跟自己的想法一样。发声支持他们反堕胎立场的往往是教会。大多数牧师说,堕胎是他们必须谈论的问题，而且在教会谈论这件事可以没有明显的政治意味。正如得克萨斯州一位牧师所解释的："我把堕胎作为神学问题来宣教。我没有必要把话题一转，让他们为共和党投票。"

第三方是支持选择权的人群。他们的情况各有不同，有的人认为堕胎有时是糟糕的选择，但未必是最糟糕的选择；有的人则说自己绝不会堕胎，但不喜欢评判他人。他们有时会结识堕过胎的女性，钦佩她做出了一个极其艰难的决定。这一类人与反堕胎群体不同，他们看待这个问题时会更为复杂，这些思考反映了复杂的情感以及摇摆不定的心态，也暗示了自己的想法在当地是得不到多少支持的。正因为此，他们也承认，并不情愿在当地表达自己的观点。

第四方可以归为应对堕胎与反堕胎者"各打八十大板"的一类。无论是私下支持反堕胎，还是私下支持选择权。第四方厌倦了这个话题，觉得它就像是房间里的大象，一直主导着教会、政坛的议题。他们不但希望这个问题得到解决，不管用什么方式让它消失，而且蔑视那些持强硬立场、大鸣大放的人。

美地镇附近的农妇米克斯太太·米克斯说得最妙："当你意外怀孕时，没有哪种选择是好的，但对有些人来说这就成了感情色彩特别浓的敏感话题。这是因为他们自己没有置身事内，所以就认为这是件大事。因为你自己置身事外，你会感觉自己一身轻。要是他人因此而成了烂人，你又会因为自己行得端、走得正而庆幸。"

人们不是置身于这方就是置身于那方，主要与其宗教信仰相关。教会大概是唯一公开反复谈论堕胎问题的地方。反对堕胎的人在其他地方不会讨论它，因为他们以为社区里几乎所有人都赞同自己。支持选择权的人不讨论它，因为他们以为几乎所有人都赞同自己。"各打八十大板"的人不讨论它，是因为他们希望这个问题烟消云散。

宗教的重要性在于，除了在最小的镇上，宗教是相当多元化的，人们在一个教会听到一个观点，而去其他教会的人可能会听到不同的观点。美地镇上有几十个教会，周围的村庄还有十几个教会，极好地印证了这种多元化。比如，我们访谈的几位天主教徒是强烈反对堕胎的，当被问及原因时，他们的第一反应只是"我是天主教徒"。福音派新教教会的一位成员说她反对堕胎，因为"上帝教诲了我"是非对错。对她来说这是一个再明显不过的立场，她不理解想法不同的人。"加州那里有人说把猫的爪子去掉是不对的，还立法禁止了，可那些人又觉得把婴儿的脑子吸出来没什么大不了。我真不理解这种人！"

反堕胎者中有人不只是简明扼要地总结陈词，而是越过堕胎是谋杀的观点，进一步指出问题的又一个方面，这与他们关于小镇居民必须为自己负责的看法是一脉相承的。在美地镇负责一个职业培训计划的理查德·普鲁伊特提供了最为清楚的例证。他是天主教徒，坚持认为堕胎总是不对的。他说自己的观点反映了教会的观点，完全可以用几个字概括：尊重生命。不过当我们进一步请他解释自己的信仰时，一个重要的推论出现了。据他推断，想堕胎的孕妇是不负责任的，首先是对自己，其次是对孩子，孩子有权活下来，应该交给一个收养家庭。他说，这种不负责任的态度让他生气。原因不在于具体哪个妇女或者医生的行为，而是堕胎的象征意味。"道德水准真的在走下坡路，这让我不安，真的。"

主流基督教、圣公会、长老会、路德会、门诺派等教会的成员表达了极为不同的观点。比如，基督教会的一位成员生过一个死胎，得到了教会的帮助，因为在一些复杂情况下堕胎可能是合情合理的，她感觉自己比起反堕胎来说更倾向支持选择权。同样，一位门诺派的教徒说他不愿意看到走向堕胎的情形，但亲眼见识过这些情形，意识到做出堕胎的决定是相当复杂的过程。

没有人不认为堕胎是一个道德问题。不管是反堕胎还是支持选择权，他们都认为堕胎是一个重要的道德问题。这个问题被活动分子或在教会里频繁地谈论，他们知道自己支持哪一方。那些真正怪罪最高法院允许堕胎的人很气愤，因为最高法院没有采取进一步的行动去阻止这种行为。显然，双方都觉得，对有关这个问题的政治形势，他们都是无能为力的。

性少数群体

同性恋是又一让许多美国乡村人在道德上产生困扰的话题。一项全国性的调查显示，如果考虑到性别、种族、教育水平、年龄及宗教等其他差异因素，支持修宪禁止同性婚姻的比例会随着社区人口规模的减小而稳步上升。人口少于1 000人的乡村社区支持反同婚修正案的比例是250 000人口以上的城市的两倍多。许多在州级层面通过禁止同婚法令的州（亚拉巴马、阿肯色、堪萨斯、肯塔基、内布拉斯加、北达科他、俄克拉何马）都有大量乡村人口。[1]

跟反对堕胎一样，许多乡村美国人对同性恋的负面态度以及对婚姻平权的反对意见源于根深蒂固的保守的宗教信仰。对于为何反对同性恋的问题，他们的反应一般是"教会、《圣经》说它是不对的""我的基督教背景"以及"上帝不喜欢这样"。

认为同性恋违背神谕的看法让有些人有充分的理由在道义上反对。他们会投票选举与他们的基本行为准则一致的政治候选人，觉得这些候选人会为阻止国家道德滑坡做些许贡献。当这个问题成为社区的威胁时，他们一般会补充道，同

---

[1] Wuthnow, *Small-town America*, 279, 437.

性恋削弱了家庭价值，也许甚至比堕胎还严重。从根本上说，家庭不但在普遍意义上是道德的基础，而且也是社区福祉的基础。同性恋跟离婚、滥交、堕胎、青少年叛逆行为一样危害了传统家庭。它是一种颠覆性的想法（一种"什么都可以"的任性思维），使得家长难以教育子女是非对错。

"太恶心了，"我们访谈的一位蓝领工人表示，进而又说，"我们教育孩子这是不对的，因为我儿子问了。他七岁了，在问这件事，因为电视上老有这种东西。他问为什么两个男人在亲嘴，我们只能跟他说婚姻是男女之间的事，对其他人是不合适的。"

不过，跟堕胎的重要区别之一是，乡村社区里不少人都认识同性恋者，但他们很少会认识堕胎的妇女。事实上，2006年的一项全国调查发现，在乡村县，88%的受访者说认识某个同性恋者，在这88%当中，20%的人说他们认识的这位同性恋者是家庭成员，22%的人说这位同性恋者是好朋友，14%的人说这位同性恋者是同事，4%的人说自己是同性恋者。[1]

有关人们对异己者持有偏见的研究表明，若与异见者相熟对减少偏见有着相当大的作用。这在我们受访者的诸多事例中都有体现。湾谷镇的帕特森牧师就是一个这样的例子。

---

[1] Wuthnow, *Small-town America*, 279, 437.

他在宣教中当然会强调"上帝之道",他对此深以为然,包括教义所说的罪恶。他看到在整个文化中的道德滑坡,特别是我们对违背神谕的生活方式应该更宽容的说法让他深为担忧。而且这与同性恋尤其相关,他认为同性恋是一种罪恶。"关于《圣经》对同性恋的表述,我一直是强烈提倡的。"他宣称。

但是,帕特森先生的大伯是同性恋者,目前在养护中心。"几个星期前,我去看我的大伯,他的伴侣看着我说,感谢我把他当成和自己一样的人平等看待,哪怕他知道我们对同性恋的看法不一样。我把这件事告诉了我的教众。我说:'耶稣应该会这么做的。'由于我尊重了姐夫的伴侣,我从他身上感受到了共情。"这次会面虽然没有改变帕特森牧师关于同性恋是一种罪恶的看法;用他自己的话说,他还在想这件事,但至少引发出一些反思。

除了亲身结识同性恋者这一原因会减少偏见,受访的乡村社区居民在思考"同性恋是否是与生俱来的"这一问题时更为宽容、更具反思性。美地镇有一位参加天主教会而且把孩子送到天主教会学校的家庭主妇,在问到对同性恋的看法因何而改变时,她给了一个最佳答案。她列出三个影响因素:认识同性恋者、她的教会教导勿要评判他人、认为同性恋可能无法选择。"我不理解为什么有些人想法这么激烈,"她说,"我不觉得同性恋是完全错误的,因为我认识好多同性恋者,我不理解,如果真的错了,为什么他们生来就这样。也许这是注定的东西。"她总结道，"我不应该谴责他们，他们也是人！"

认识同性恋者即使没能使人们对此采取更为宽容的态度，也促使异性恋者对这个问题进行重构，他们反对同性恋的激烈程度因此缓和。比如，美地镇那位把堕胎形容成把婴儿脑子吸出来的福音派新教徒女士，就令人惊讶地提出了一个对同性恋比较温和的看法："我认为同性恋是一种罪恶，"她说，"但我认为其他好多事情也是罪恶。上帝希望我们努力避免罪恶，但我知道，无论如何我们都是有罪的。"她补充说，"顺便一说，我的家庭里也有人是同性恋。"

私底下持有相对宽容的看法是一回事，毕竟这没有考虑到小镇惯例对此可能施加的强大压力，这种压力既可以针对这些社区的同性恋者，也可以针对一些可能换了环境就比较宽容的人。比如，我们的一位同性恋受访者在小镇长大，庆幸自己尽快离开了。他在上中学时是唯一不打橄榄球的男生。他在场外坐着，知道所有人都觉得他"不一样"。他仍然感到，回家乡时几乎不可能不遭到他人的躲避。

他的经历含蓄地反映了一些研究所揭示的在乡村社区盛行的一种阳刚文化。身为同性恋，其生活是艰难的，不仅仅因为打橄榄球是成为小镇明星的途径，还因为社会期待男孩参加其他体育活动，在谈论自己时要展现出男子气概来。我们访谈的一位农民说，他有一个同性恋儿子，接受、适应这个过程真是难，不单因为他儿子是同性恋者，还因为他儿子不想务农。

另一个小镇的一位农民说，他在海军服役，回家乡前在城市工作了五年，这期间他认识了许多同性恋者。"我认识人品很好的同性恋者，我也认识人品不太好的同性恋者。"他说，"我真心觉得这是基因决定的。各自过好日子就行。"

不过，这位农民几年前曾有一个同性恋的雇工，后来解雇了他。"倒不是因为他干活不得力，也不是因为他是同性恋。我担心在社区里会搞出事情来。要是他猥亵小男孩怎么办！我会有负罪感，因为是我把他带到这个社区来的！"

在美国最高法院2015年的判定保障同性婚姻权利之前，在我调查的一些乡村社区，可以发现人们对此态度正在逐渐改变。随着该话题在各宗教教派及在州、联邦两级选举中受到讨论，乡村社区的人们说出现了两个情况。一个是反对派坚持己见。他们很生气，奥巴马总统、军方领导等华府人士对同性恋权利表达了更为积极的支持态度。尤其是，一想到同性恋者正在靠一种有组织的政治运动获得权力，他们就心烦意乱。

不过，还有一个情况是，乡村社区的居民逐渐发现，即便在本社区、本教会都存在不同意见，这些不同意见也引发了一些新的思考。比如，新堡镇的萨默斯先生相信这是他们社区的主要情况。他说，直到10到15年以前，在新堡镇没有人对同性恋发表过多少意见，它不是一个至关重要的问题。

"但是现在，它成了一个问题，因为它本就该是个问题；我们会谈论它。而且毫无疑问，大家的看法逐渐变得温和了。"

同性恋话题在新堡镇得到谈论的主要原因是在教会上发生的争论。在教派层面，卫理公会、圣公会、路德会、长老会等教派都在全国性会议上讨论任命同性恋牧师、同性婚姻等相关问题。各教派还命令地方教会讨论这些问题。这意味着，暗自支持一方或另一方的人必须表明自己的立场。结果是，新堡镇上以及周围的几个教会发生了分裂。坚决反对同性恋的教会成员离开了，加入更为保守的教会或者另起炉灶。留下的成员尽管有不同意见，但也找出了留下的理由。

C. C. 威利斯牧师所在的路德会教会经历了这个过程，尽管过程艰难，走掉了几名成员，但结果对教会来说较为理想。随着该教派讨论这些问题、进行各种投票表决，这个教会认为，作为一个教会以及小社区的居民，团结比针锋相对、各执一词更加重要。它没有自诩为"开放"的教会，这让某些成员失望了；同时它没有站队反对同性恋，又让另一些人失望了。但是，它力图用更大的包容心来理解他人，无论他们的身份为何。

"当我听到有些人、有些牧师把某个单一问题当成生死攸关的问题时，"威利斯牧师说，"我会说：'你肯定是在开玩笑吧。'我每天最关心的是跟人打交道。不管什么问题，它对这个人的影响比'这个问题'本身重要太多了。"

随着这样的讨论在乡村社区发生，对同性恋有着固执看法的人开始用新的方法思考这一话题了。比较生动的一个事例是美地镇的一位70多岁的老太太，她这辈子从来没听说过本社区里有人对同性恋抱有接纳的态度。然而，她说她最近听到了更多的情况，做了一些了解，这使得她对同性婚姻产生了不同的想法。"如果你对某个人许下了终身，这个人让你有机会成为合法保障人，要是不合法就没办法的话，"她说，"我明白，对于终身相许的人来说，这（同性婚姻）是很有帮助的。"

不过，这里面有一个矛盾。一方面，大家承认，如果没有教会理事会、政治讨论、宪法公投等外界的推动，乡村社区就不会发生关于同性恋权利、婚姻平权等问题的对话。没有这些外部影响的存在，乡村社区的本地文化跟简单地将同性恋视作一种罪恶的看法是一致的。另一方面，这些外界的推动力恰恰是乡村社区所不喜欢的，就像他们不喜欢华府指令他们购买医疗保健服务，不许他们在学校朗读十诫一样。他们认为这种对地方自治的干涉是令人不齿的，不单是因为他们可能跟华府意见相左，更因为华府违背了解决问题要因地制宜的地方惯例。

威利斯牧师从本教派、从政府都感受到了这些外部影响，对此他也许比大多数人更加郁闷。他要坚持做自己认为对本教会教众正确的事，这种信念与他对华府的想法形成了对比。

"天知道谁在说真话，背后有什么黑幕。"对于在本国首都争论的同性婚姻等敏感话题，他如是说："这些社会问题总是会政治化的，如果你不想走这条路，就得据理力争。对我来说，重要的是跟人打交道，不是所谓的'问题'本身。"

违背自身利益？

托马斯·弗兰克在《堪萨斯州怎么了》一书中提出的重要问题是，美国核心地带的乡村人民——尤其是没有大学文凭的——是否过于计较堕胎和同性恋等问题，以至于在投票时不顾自身的经济利益。例如，要是他们投票选了否决工作权法案（right-to-work law）*、支持工会、支持改善学校、支持建立穷人福利保障体系的候选人，他们的情况会好些吗？

作为推测，这一类说法是颇有意思的，却很难证实或证伪。在弗兰克的书出版时，堪萨斯州倒是有了一位民主党的州长，也就是凯瑟琳·西贝柳斯（Kathleen Sibelius）**。她主政的六年时间，支持了弗兰克发起的不少议题。弗兰克的批

---

* 美国的工作权法案一般会赋予劳动者加入或不加入工会的权利，禁止工会对非会员收代理费或者将代理费作为雇佣前提。民主党对该类法案一般持反对意见。

** 凯瑟琳·西贝柳斯于2002年当选堪萨斯州州长，并于2006年连任成功。在共和党处于强势的堪萨斯州，民主党人西贝柳斯能够在该州当选州长，足以证明她的出色政治才干。

评被极为巧妙地引向了保守的州议会。在国家层面上，最能佐证弗兰克的观点的是卡尔·罗夫（Karl Rove）*在2004年总统竞选活动中帮助小布什成功连任的策略，此人的手法是鼓动反同公投，使得福音派教徒以及其他保守共和党人的投票率得以增加。哪怕最理想的统计检验结果都只是表明，南方支持弗兰克假说的人是有限的；除此之外，没有证据表明堕胎和同性恋这类"价值取向"问题比经济问题的分量更重。[1]

这些因素并没有像对城市蓝领选民那样对乡村选民产生直接影响——当弗兰克在威奇托参观废弃飞机制造厂中的空旷停车场时，他认为蓝领工人这一类人的境况比较惨淡。我访谈的乡村选民偶尔有人会说，自己会把票投给不反对堕胎和同性恋的候选人，但这些话很少听到。在大部分事例中，他们说只会投票给反堕胎、反同性恋的候选人。如果他们是这样投票的，那么全美小社区反对堕胎、支持修宪禁止同婚的概率明显高于大城市的这一事实表明，乡村选民确实为保守共和党获胜助了一臂之力。事实上，自从里根20世纪80年代吸引到各种选民以来，小镇为共和党总统候选人投票与大城市、城郊为民主党候选人投票的这一鸿沟越来

---

* 卡尔·罗夫年轻时曾担任老布什的特别助理，协助老布什竞选总统，帮助小布什成功当选并连任州长、美国总统。在小布什眼中，罗夫堪称"建筑师"。

[1] Larry M. Bartels, "What's the Matter with *What's the Matter with Kansas*?" *Quarterly Journal of Political Science* 1 (2006), 201–26.

越大了。

不过，就乡村选民而言，说他们根据堕胎和同性恋等问题进行投票就违背了自身的利益，这种说法是难以令人相信的。许多乡村社区尽管有小型制造工厂，但几乎都没有成立工会。职业培训计划在小镇成功实施的可能性是有限的。而且农民一般更青睐共和党的农业政策，更何况，比起民主党的政策来，小镇居民无论如何也更加依赖农场。

不过，断言乡村选民应该只按照经济利益投票，与我关于道德文化在乡村社区重要性的观点是背道而驰的。让乡村社区凝聚起来的文化契约在很大程度上包涵了一致认同的基本道德原则，比如诚实、努力工作、睦邻友好、有信仰等，还有默契认同的社交惯例，比如要友好待人，参与社区活动。我们在小镇的访谈表明，几乎所有人都觉得，他们社区里通行的惯例是包括反对堕胎的——以至于支持女性选择权的人不敢表明自己的观点。直到最近，对于同性恋的默认惯例还是应该予以反对。这些都属于小镇居民心目中的共同约定，他们还认为，其他地方的美国人，尤其是城里人、华府人并没有这些共同约定。

宗教，特别是保守的天主教教区、福音派新教教会是最直白地认定堕胎、同性恋问题是外部世界道德正在滑坡的表现。正如我表示的，这个底色在和乡村社区一般信徒、牧师的访谈中是显而易见的。它在无数全国民调、调研中也得到

了证实。事实上，就反堕胎、反同的多数投票是通过与地方
教会联系紧密的州、地区、全国组织发动的。[1]

因此，乡村社区的自身利益问题必须跟宗教而不是堕胎、
同性恋等敏感话题联系起来考虑。大多数乡村社区的教徒除
了反堕胎、反同性恋，还会跟教会的意见保持一致。宗教是
他们社区的道德根基之一，这意味着，支持宗教顺理成章地
等于维护他们的自身利益。无论是布道、日常聚餐还是主持
红白两事，宗教在凝聚社区上都发挥了重大作用。它支持人
们珍视的家庭价值，要求邻里守望相助。

不过，在邻里相助上出现了一个难题。我们访谈的牧师
没有人说扶贫帮困是不对的。他们的教会几乎都有资助计划
来帮助贫困成员以及社区中其他一些临时需要帮助的人。不
少教会，包括极小的镇子上极小的教会，偶尔会支持国外传
教，偶尔会派一位年轻成员去海外短期传教。这跟教会关于
扶贫帮困的教导是一致的。

牧师和普通教徒通常看不到的是，他们的投票也影响了
贫困者的口粮。宗教人士因为接受保守的共和党人在堕胎和
同性恋问题上的立场而把票投给他们，但这些人在很多情况

---

[1]　Michele Dillon and Sarah Savage, "Values and Religion in Rural America:
Attitudes toward Abortion and Same-Sex Relations," *Carsey Institute Issue Brief* 1
(Fall 2006), 1–10.

下也是反对福利支出，偏好累退税率（regressive tax）*政策，为了限制非裔、拉丁裔美国人的政治势力而操控选区划分的那群人。

这个问题在城市和在乡村社区一样都是一个盲点。它跟"华府代表大政府，大政府就是坏政府"的看法是一致的。它跟小镇人认为"本地慈善和志愿工作比政府扶持计划更有效"的观点是一致的。在白人主导的乡村社区，人们更容易用本地视角思考，而比较不会意识到本地选举与州、全国两级的政策是紧密相关的。

---

* 累退税率亦称累减税率、逆进税率，指税率随课税对象数额的增大而逐级降低的制度。这种税率的显著特点是，课税对象数额越大，税率越低；课税对象数额越小，税率越高。

6

固执与偏见

BIGOTRY

固执与偏见
BIGOTRY

2016年10月14日，联邦调查局逮捕了三名右翼激进分子，他们正密谋在堪萨斯州加登城（Garden City）的一栋公寓楼制造爆炸，拟杀死数十名肉类加工厂的索马里移民，企图在全国掀起针对移民的血洗行动。

往前推五年，我在加登城进行了一项研究，在《重塑核心地带》（*Remaking the Heartland*）一书中写了该社区的详尽历史。差不多在同一时间，其他几位社会科学学者也在加登城做了研究。尽管加登城位于堪萨斯州西南部，地处偏远，该社区对关注移民问题的研究者而言还是很有吸引力。1980年以来，全世界最大的肉类加工厂坐落在这里，社区一半人口都是新近的移民。这之前，加登城成为关注点的原因是不一样的。1959年，住在离加登城几公里远一个农场里的赫伯特·克拉特一家四口遭到残忍杀害。杜鲁门·卡波特（Truman Capote）在《冷血》（*In Cold Blood*）中回忆了这一事件。

2016年我听到爆炸阴谋时，跟所有人一样震惊。我的研究已经公布了几份关于堪萨斯州西部秘密武装组织的报告。但加登城是美国乡村人适应大量新移民的成功案例之一。1980年，当肉类加工厂开业时，加登城人口中的拉丁裔只占14%。在该厂开始营业的最初三年期间，加登城来了近25 000名新居民，几乎都是拉丁裔。到1990年，拉丁裔占到该市人口的25%，到20世纪末这个百分比涨到了43%。该镇迅速增长的人口让学校教育系统吃紧，造成了严重的住房短缺。老居民对这些变化颇有微词，但尽管如此，这个转变还是异常顺利的。

2016年的总统竞选活动提出了一个尚未得到回答的问题：那些感到被忽略、被抛弃的人是否怀恨在心，以至于这愤怒使他们对与移民、穆斯林、非裔美国人甚至女性的固执偏见在选举中发挥了作用。哪怕最有力的证据都表明情况并非如此，至少不太严重。但是看起来，有许多人一逮到机会，就急于宣告他们对"含白量"正遭遇损害的担忧。[1]

---

[1]　David Paul Kuhn, "Sorry, Liberals. Bigotry Didn't Elect Don-ald Trump," *New York Times*, December 26, 2016.

加登城的经验教训说明，我们有必要近距离观察美国乡村如何适应更多样化的民族、种族、宗教，观察以白人主导的乡村社区是否将这些变化看成是威胁。一方面，该社区（加登城）的成功提供了为什么有些社区比其他社区容易适应的经验之谈。另一方面，同一社区竟然也酝酿出爆炸袭击阴谋，这一事实让人有必要强烈质疑那些亢奋的政治言论在煽动偏见和暴力中起到的作用。

外来移民

至少就人口构成而言，美国乡村地区是英裔白人占主导地位，因此把那里看成是盛行偏见之地也没什么错误。1980年，在全国范围内，在总人口少于25 000人的全部小型乡村社区中，英裔白人在人口比例中占了91.3%。到2010年，英裔白人的比例只下降到86.5%。在这30年中，非裔美国人的比例一直维持在6%。然而，拉丁裔的比例在这期间翻了一番还多，从2.5%上升到了6.1%。这一增长大多发生在得克萨斯、新墨西哥、亚利桑那、加利福尼亚等州的小镇上，但在明尼苏达、北卡罗来纳等州也同样发生了比例上的大幅增长。

到2010年，在类似加登城这样人口至少有10 000人的大型乡村社区中，拉丁裔在总人口中的平均比例达到20%。在1980年，只有454个乡村社区有至少20%的拉丁裔人口，但到了2010年，这个数字达到了1 102个，增长了不止一倍。在所有乡村镇中，40%的镇至少有一些来自拉丁美洲的移民。在所有乡村社区，生于墨西哥的人数平均为175人[1]。

类似加登城这样的乡村社区有大型拉丁裔移民聚居区的主要原因是肉类禽类加工业的发展。像艾奥瓦牛肉加工厂、美国牛肉加工厂、泰森食品公司等大型企业没有把活牲畜运往堪萨斯城、芝加哥去屠宰，也没有在小型农场饲养家禽，而是在阿肯色、堪萨斯、南达科他等保障工作权的州建立了大型加工厂，以低廉的工资雇佣移民劳工。到2006年，近100家雇佣500名以上工人的加工厂分布在这些州以及邻州。大多数在与加登城规模相当或者更小的镇上，这意味着低工资移民劳工的涌入对社区动向产生了深远影响。

除了食品加工业转移到小镇，美国乡村也要由衷感谢在小镇、建筑工地、农场从事低薪工作的移民劳工。我们的访谈涉及的不少社区都严重依赖移民，无论是照料果园、饲养场工作、清理挤奶机器还是加油站招人。

乡村社区中的英裔白人群体对于拉丁裔移民日益增长的反应在2003年进行的一项全国调查可以看到。该项调查在全国随机抽取了约3 000名成人代表，其中近500人为居住在乡

---

[1]　Wuthnow, *Small-town America*, 92–94.

村县的英裔白人。[1]

一方面，66%的乡村受访者称他们对拉丁裔族群未来几年在美国势力增长持欢迎态度，只比城市地区（74%）持同样态度的受访者的比例略少。这也佐证了人们在访谈中提供的诸多说法。比如，新堡镇的萨默斯先生小时候在爸爸的农场上就跟拉丁裔一起干活，而且他现在的雇工大多也是拉丁裔，其中不少人是新近的移民。他的感受是非常正面的。

"这些移民的母国失业率高、毫无机会，他们忍无可忍，离开了那里；他们来到一个陌生的国家，为了养家糊口拼命工作，尽可能地增加工作时间。"他说，"总的来说，他们是值得赞赏的。"他觉得惋惜的是，法律上没有进一步的措施帮助他们，因此他理解那些非法移民的处境。

"你可以在墨西哥的边境筑起一道三米高墙，"他说，但这不管用，"因为一个人要是能找到养家糊口的工作机会，他就一定会去做的。咱们国家不愿意接受事实，所以咱们才有现在这些问题。华府没人愿意面对这里的真实情况。"

也许，因为自家农场受益于移民劳工，萨默斯先生自然心生同情，然而许多没有雇佣移民的农民也有相同的看法。比如，中西部一位种小麦的农民格伦·埃文斯就与萨默斯先

---

[1] 这些结果来自于对我在2003年设计并进行的多元化调查的深入分析；定性访谈的调查结果和信息参见Robert Wuthnow, *America and the Challenges of Religious Diversity* (Princeton, NJ: Princeton University Press, 2005)。

生看法相同，他还提出了一个观点。"搞什么，"他说，"有那么多的镇子在坚持瑞典文化、德国传统，如今他们不喜欢墨西哥人，就因为人家从墨西哥来，想要坚持*自己的*传统？省省吧！"

"现在咱们有些白人就爱生气。他们生气是因为咱们失去支配感了。"他补充道，"没错，我属于一个正在消亡的物种，美国白种男人，我会变成少数民族。可谢天谢地，这些人带来了新的想法、新的活力。我很高兴美国还能吸引新人来！"

另一方面，该项全国调查显示，如果在提出该问题时用"移民"代替"拉丁裔"，反应是相当不同的。在乡村社区的英裔白人中，70%的人支持通过一项法令以减少进入美国的移民（城市受访者有65%的人支持）。

在类似加登城这样有大量移民的社区中，受访者反应大不相同。在一个有9 000人的社区中，居民曾经几乎全是英裔白人，在一家大型肉类加工厂五年内引进大量移民后，该社区一半人口都搬走了。相比而言，一个25 000人的小镇规模就足够大，当社区成为一家肉类加工企业总部所在地时，英裔白人中很少有人离开，但是出现了一个为非法移民劳工提供庇护的团体，同时针锋相对地出现了一个追查并驱逐非法移民的团体。

我们发现，移民、非移民共存的教区的牧师对两者关系的观察最为敏锐。詹姆斯·多纳休神父的教区在一个有8 000

人并且其中超过三分之一是拉丁裔的小镇。在我们遇到的神职人员当中，他对于本社区的分歧表现得十分坦率。按照他的看法，这种问题是源自"过去的伤口、伤害、伤疤"。他没有具体说是什么，但他认为，人们对于社区的变化普遍有一种愤怒和担忧，因此移民以及非法劳工很容易成为靶子。"大家觉得灰心、无奈、窝火，"他说，"因此非法劳工为所有问题背了锅——犯罪、毒品，不管什么问题，都是移民害的。"

多纳休神父坚信，自己镇上的英裔白人不单是生拉丁裔移民的气，还生政府的气。他说，教会试图帮助需要食品、住房的移民，但他们需要的帮助通常是公共福利的形式。于是英裔白人们就发牢骚了："好啊，你们是拉美人，我们是白种人，你们从政府项目得到各种帮助，我们和我们的孩子却什么都得不到。"

加登城顺利实现转变的原因是该社区拥有比别的社区更为包容的传统。墨西哥人、非裔美国人曾帮助修建了在19世纪70年代通车的铁路，而且到1910年，100多名来自墨西哥的永久居民已经在此定居，在甜菜田、糖厂工作。到1980年，当肉类加工厂开业时，该县人口中的拉丁裔已经超过了3 400人，另外还有7 000名越南移民。

尽管加登城在20世纪八九十年代遇到过民族矛盾，该社区的学校扩增了将英语作为第二语言的教学计划，教会开办了西班牙语礼拜以及帮助移民通过公民入籍流程的项目。该社区的转变中最有争议的是肉类加工厂中工人的待遇。不过，从民族关系的角度来说，加登城展示了多元化有益的可能性。

2011年，《纽约时报》的 A. G. 苏兹伯格（A. G. Sulzberger）访问了加登城附近的社区。"所有社区在一开始都是非常不开放的，"一位市长告诉他，"但这很大程度上是因为我们希望紧紧守住已有的传统。在过去五年内，我们看到（拉丁裔移民）来了，他们留下了，成了社区的一分子。我们互相有些习惯了。"[1]

这类积极的看法绝不是唯一的反应。我们在附近的一个社区访谈，有些英裔白人就说他们不会住在加登城，因为那里有毒品、黑帮和暴力的传闻。加登城的市长是第三代墨西哥裔美国人，他说社区中依然存在不少偏见。"没有人会公开说'我不喜欢拉美人'或者'我不喜欢黑人'，但他们用其他方式表达了出来。"他坚信有些是由政治造成的。当他竞选市长时，反对者称他是"不合法的外国人"。

不管是移民还是在当地出生的居民，我们访谈的许多拉丁裔人士都清楚地表示，比起英裔白人的偏执论调，他们更担心的是歧视以及担心亲人朋友受到骚扰或驱逐。他们都知道不少家庭遭到拆散、半夜被突击搜查的事情。

---

[1] A. G. Sulzberger, "Hispanics Reviving Faded Towns on the Plains," *New York Times*, November 13, 2011.

　　我们在亚利桑那州访谈的一位拉丁裔公民以个人经历讲述了生活在别处的人们从头条新闻中了解的情况。他的朋友26岁，但他是在两岁时跟随父母偷渡到美国的。"两岁的孩子到底犯了什么法？"警察往往就算尾灯损坏，也要把他拦下，并且要求他提供公民身份证明。

　　除此之外，与他们为国家作出的牺牲比起来，对他们的歧视与诋毁简直不值一提。在条件恶劣的屠宰场艰辛工作才使得快餐连锁店得以顺利运营。劳工的弯腰劳作才换来了有机蔬菜。而他们的家里人正在忍受苦难甚至为国家牺牲。

　　曼努埃尔·埃尔南德兹在得克萨斯州一个拉丁裔人口占70%的小镇担任镇长，他的看法颇有道理。"我有一个孩子上过四次阿富汗战场了，"他说，"我儿子正在准备第五次上战场。我上次去华盛顿特区时问我那儿的议员：'我的孩子还要出国打仗几次？'他回答不出来。"

穆斯林

　　美国乡村人对于穆斯林的反应与对拉丁裔移民的反应不尽相同，因为定居在乡村地区的穆斯林相对较少。在前文提到的全国调查中，这一差异可从下列事实中看出：53%的英裔白人称与拉丁裔美国人有"大量"或"相当多"的个人接触，而相比之下与穆斯林有个人接触的比例只有15%。对于穆斯林的态度也受到"9·11"事件的影响。

鉴于该项调查是在"9·11"事件发生仅两年后进行的，令人惊讶的是，大约一半的乡村和城市受访者都说他们对穆斯林群体在美国增长持欢迎态度。而且，考虑到基督教在美国乡村相当强势，同样令人惊讶的是，只有四分之一的乡村和城市受访者认为穆斯林以及印度教徒、佛教徒等其他非基督徒的涌入将削弱基督教的力量，而大部分人认为这将加强基督教的力量。

这种貌似宽容的观点是怎样转变到2016年总统大选期间，对穆斯林群体有诸多管束的呼声大受追捧，这个问题可以通过进一步深究来理解。该项调查进行时，受访的穆斯林以及印度教徒、锡克教徒、佛教徒等证实自己是仇恨犯罪的受害者。后续一项针对成为律师、医生、教育者、商业领袖等成功人士的穆斯林及其他宗教背景人士的研究显示，他们大多数人也遭遇过偏见和歧视。[1]

同一项研究还表明，声称有意与穆斯林及其他宗教传统搭建沟通桥梁的基督教教会并没有实践诺言。位于同一个街区的教堂，有时还会跟清真寺、印度庙、佛教参禅中心共用一个停车场，但它们是很少联系的。这种反应就像是电梯里的乘客挤在一起却忽略彼此的存在一样。对个人来说，情况

---

[1] Robert Wuthnow, *American Mythos: Why Our Best Efforts to Be a Better Nation Fall Short* (Princeton, NJ: Princeton University Press, 2006).

也是这样；他们知道有些同事可能是穆斯林，但说他们从来不谈宗教。

多元派基督教团体不采取积极措施来推进对穆斯林的理解和尊重，正统派、福音派团体就另起山头，把穆斯林看成虚假先知的信众。实际上，调查中关于反激进穆斯林乃更进一步的反移民态度，一个最强烈的预警是受访者坚信只有基督教才是真理。

日益高涨的反激进穆斯林情绪的另一来源是中东战争持续不断，也包括成千上万的人流离失所、寻求避难和庇护。在美国乡村，社区对当地可能发生突发事件的担心并不多见。确切地说，他们对穆斯林的担心在于一些更为普遍的忧虑，即担心小镇仍占优势的美国生活方式受到威胁，而且坚信华府的领导人不在乎这种情况的发生。

种族主义

堪萨斯州的林兹堡（Lindsborg）是加登城以东320公里的一个小镇，以小型瑞典人社区自居，游客在这里可以购买色彩艳丽的达拉木马（dala horse）*，沿着大街可以走到贝

---

* 达拉木马是一种起源于瑞典达拉纳省的纯手工打磨与绘制的小木马，被称为瑞典的象征。

瑟尼学院校园里的比格·桑德森（Birger Sandzen）纪念美术馆。但在2016年9月3日，该镇的一些人行道上出现了粉笔涂鸦，宣称要"让林兹堡再次变白"（Make Lindsborg White Agian）。对此事的猜测众说纷纭，有人表示这句话是受了特朗普竞选口号"让美国再次伟大"（Make America Great Again）的启发，有人怀疑这样一个白人已占到97%的社区会滋生这样的种族歧视行为，有些人则表示，也许这不过是橄榄球队的某个竞争对手的恶作剧，目的是让本镇出洋相。然而，这次事件确实在全国推动了关于白人民族主义抬头的讨论。

在该事件发生后几天，警方断定这是针对贝瑟尼学院院长的，他家里收养了两个黑白混血儿，学校里有非裔美国人学生。有人打匿名电话给这位院长，恐吓他本人，并声称这次"运动"将导致学校关门。学院和社区公开坚决回应，保证坚持他们所承诺的多元化方向。[1]

进一步的调查发现，犯案者确实是一个白人民族主义分子，一个来自邻镇的19岁青年，他承认自己干了这些事。他和另外五六个人参加的民族主义组织是一个"白人认同主义"（white identitarian）网络，南方贫困法律中心（Southern

---

[1] Kristine Guerra, "'Make Lindsborg White Again': Racist Messages Target College President with Biracial Children," *Washington Post*, September 22, 2016.

Poverty Law Center）*称，该组织认为美国"受到了多元文化和政治正确等势力的威胁"。[1]

该事件跟加登城的爆炸阴谋一样，都是乡村社区出现顽固偏见的例证。它表明，仇恨言论和仇恨犯罪在任何地方都有可能发生，也确实在发生。同时，它与社区惯例显然是背道而驰的。

人口较多的美国乡村白人对于非裔美国人的种族歧视态度，用加登城那位拉丁裔市长的话来概括再合适不过了——众人不会直接公开表态，但确实存在大量的偏见。顽固偏见最常以"地痞流氓"的称呼体现出来，地痞流氓指的是小镇上那些不守本分、不努力工作、挥霍金钱、指望不劳而获的边缘人物。地痞流氓可以是任何人（英裔白人、拉丁裔、非裔美国人），但社区里只要有非裔美国人，他们就成了被怀疑的对象。地痞流氓的问题不单是他们不融入环境、不像社区里其他人那样有个人担当，而且是他们单凭自己的身份就能从政府得到特殊待遇。

湾谷镇的非裔美国人大约占到该镇人口的30%，该镇的杰夫·卡希尔强烈反对福利计划，他认为社区里的外来者正

---

* 南方贫困法律中心是美国一个非营利性公民权益维护组织。该组织反对白人至上主义团体，且坚持为遭仇恨团体迫害的受害者做法律代理。

[1] Andy Marso, "Young White Nationalist Seeks Foothold in Kansas Politics," *Kansas Health Service News Service*, September 28, 2016, www.khl.org/news.

在从中牟利。"我不介意帮助那些希望自食其力的人,"他说,"但就因为你来到了这儿,你是那种肤色,或者这样那样的原因,我不觉得,因为你会钻制度的空子,政府就欠你的。我知道很多少数族群的人,他们会利用制度。他们开着昂贵的车子兜风,我却在为他们孩子的午餐买单!"

听了卡希尔先生的评论可能会不舒服的人在种族关系上站在了他们自认为更加进步的立场。他们的看法是,种族关系在过去就很糟糕,而他们的社区已经在这方面已有了巨大的改善。

玛乔丽·史密斯就是这样的一个人,她是南方腹地一个5 000人小镇上的白人市政职员,该镇人口大部分都是非裔美国人。"有些老派人对黑人、白人两方都有偏见,"她说,"这个地方有些社区还是那样,事情要么为了这群人或者那群人。"其实是隔离。但她坚信自己镇上没有这个情况。"种族问题发生了变化。我不认为它是人为推动的。随着时间的推移,变化就会发生。"

为了证明这个说法,她说镇上以前有两个游泳池,一个给黑人,一个给白人,但不知道什么原因(缺乏维护?),没人去黑人游泳池游泳了,于是社区就把它填埋掉,改造成了一个游乐场,如今"我们只有一个游泳池,大家都能在里面游泳。这些变化一定会慢慢发生的"。

非裔美国人社区的领导人也承认变化,但更强调其中包含的困难以及依然存在的障碍。工厂关闭对社区中非裔美国人的打击要比白人工人更沉重，后者似乎有更多的储蓄可依赖。非裔美国人更多地只能依靠亲戚和教会。福利项目的白人管理人员会想方设法劝阻潜在受益人。操控选区划分和压制选民是要克服的主要障碍。

布鲁克斯·兰丁（Brooks Landing）是三角洲地带一个有3 000人的、以非裔美国人为主的社区，前市长塞德里克·斯科特说，五年前当镇上雇用了500人的制造工厂搬走后，该镇受到了毁灭性打击。能在其他地方找到工作的人都走了，但许多留下的人一直失业。中学的辍学率很高，有硕士学位的斯科特先生接受了这样一个事实：有天赋的孩子可能会离开，留下来的则需要干粗活。

斯科特先生说，社区面临的障碍更多的是体制性问题，而不是态度问题。比如，当工厂关闭后，因为缺乏乡村公共交通系统，人们去其他镇通勤上班就很困难。州政府并不把此事放在心里。没有公共交通，人们也很难去医院；医院在将近50公里之外。另一个障碍是社区及周边地区人口减少导致国会席位损失了一个。斯科特先生能想到的最大的积极变化是镇上的经济发展委员会现在是多种族融合的。连这种变化都是艰难的，但事实证明这是好事。多元化的委员会使得该镇获得了本来得不到的几笔小额拨款。

不过，许多旁观者议论的种族歧视更多的不是关于当地事务，而是对于奥巴马总统的态度。有些对于华府的不信任算种族歧视吗？这是影响美国乡村人2012年和2016年投票方向的原因之一吗？

我们访谈的人在讲到不喜欢奥巴马的地方时是毫无保留的。他们称奥巴马是社会主义者、胡说八道的自由派、外星人、毫无办事能力的总统、让他们恶心的人。正如我们在西部一个共和党大概率占优势的州访谈的一个人所说："要是我能跟总统说上话，我会说'行动起来啊，蠢货。办点实事，别打咱们宪法的主意！'"然而，他们很少会明说，他们不喜欢奥巴马总统是因为他的种族。

湾谷镇一位刚退休的中学教师斯特拉·赖特却是一个例外。"我希望奥巴马总统直接搬到澳大利亚去，"她说，"本届政府是咱们国家有史以来最烂的！"

她歇了口气继续说道："我不希望他遇到不好的事，但……我觉得他很差劲。历史将会证明，他是美国有史以来最差的总统。"

"还有，还有，假如，假如他不是黑人就好了，因为假如他是白人，大家就都能意识到这一点。但因为他是黑人，别人会觉得，要是你批评他，你就有偏见。"

她自己临时打断话头，解释说她和她认识的人是没有偏见的——"咱们教会里有黑人"。

"可他，他就是个傀儡，他的表现很差劲！"

厌女症

如果2016年的民主党总统候选人不是希拉里·克林顿（Hillary Clinton），美国乡村重男轻女的问题可能永远都不会显现出来。然而，这是一个值得认真关切的问题。我们访谈的男性没人说到过女性不应该从政、不应该成为劳动力，也没有用轻蔑的口吻谈论"前台的那些姑娘"或者"厨房里的小女人"。

确切地说，是传统的性别角色嵌入了乡村社区的社会结构中。并不是说男人一辈子都在养家糊口，女人都留在家里操办一切家务事。拿农民夫妇举例来说，更常见的情况是，他们是按照上一辈的方法来对农场事务进行分工的。男人开拖拉机、修理机器、喂养牲畜；女人处理杂事、收割时开卡车、记账。这种分工遵循谁最适合重体力劳动的规律。然而，尽管科技进步大大减少了所需的体力劳动，但这种传统性别角色仍然保留了下来。当夫妇俩有一个人或者两个人都有农场外全职或兼职工作时（绝大多数情况都是这样），通常是妻子上班的路程更长。

在小镇居民中，传统性别角色体现在希望女性即使有全职工作也要承担更多的家务以及照顾子女。邻里帮忙、教会事务、志愿工作等都落在她们肩上。而且，当家里有年迈的父母或公婆时，女性担起了大部分的照顾责任。"我们夫妻俩想在某一年休个假，"湾谷镇一位女士告诉我们，"但我们俩都要工作，我妈妈五年前又中了风，我还得照顾她，我们就是没空去休假啊。"

我们访谈的女性还承认，她们曾经为一个需要大学教育背景的职业做过规划，找到了工作，可随后发现自己住在了小镇上，接受这个过程是艰难的。她们并不后悔自己结婚生子（如果情况确实如此），而且她们一般找得到理由来安慰自己，乡村生活安逸舒适，但她们承认要放弃职业生涯是很沮丧的。

多元化

在写作此文时，在2016年总统竞选期间显现出来的顽固偏见以及大受关注的白人民族主义是否会进一步激化，还有待观察。对于那些希望日益多元化的民族、宗教、种族让美国变得更强大、更包容的左翼人士来说，这种情况当然很让人泄气。从多年来关于偏见、歧视的研究中，我们知道彻底清除歧视是很难的。教育还有个人接触通常对消除偏见是有用的，但这些并不总是有效。要对美国宪法进行积极而富有延展性的教学（显然这是缺失的）、教育才比较有效；而当人们只是处在一个多元化环境中而不努力去了解和尊重与自己不同的人时，个人接触就不能缓解偏见。缺乏有效沟通，被压抑的内心偏见就很容易被调动起来。

比起许多住在城郊、城市的人，住在美国乡村的大多数人思想未必偏执。然而，胆敢用粉笔涂鸦"让美国变白"口号的一小撮人以及胆敢犯下暴力仇恨犯罪的更小一撮人跟在大型社区里的同类是一路货色。已经疲于应付的小镇警察局、县治安部门觉得难以监控这类罪犯。

让美国乡村人大骂华府的愤怒心态也是他们顽固偏见源头之一。从认为华府失灵，到因为奥巴马总统是非裔美国人而指责他不合法、愚蠢、不值得信任，两种观点仅一步之隔。当社区感觉受到威胁时，心存顽固偏见的人就很愿意寻找替罪羊以求得心安。

| 后 记
EPILOGUE

当虚假新闻、阴谋论、极端言论、外来干涉、值得怀疑的选举结果（一大批美国人似乎偏离了正轨）等情况纷纷出现时，对于在很多方面都助长了这种乱局的美国某一类地区，我们很难抱有客观的看法。我是属于自由派精英的。我在常春藤大学教书，住在一个几乎总是为民主党投票的高端社区。我支持妇女的选择权、婚姻平权以及"黑人的命也是命"（Black Lives Matter）。多年来，我抗议过越南战争，反对过里根、布什政府的几乎所有做法，支持奥巴马总统的很多举措，为希拉里·克林顿投票。

在我的世界里，一切都是正常的。所以，

对于那些生活在与我的社区大不相同的社区里的人们，我们要理解让他们感觉是对的事情并不容易。但作为研究者，充分理解是我要力图做到的。我刻意寻找了观点与我不同的人，我尽量试着公正客观地理解他们。

至少我有一个参考地点。我是在堪萨斯州一个600人的小镇上小学的。这个学校已经空置了几十年，这里的浸信会教会尽最大努力帮助困难家庭。我在一个5 000人的小镇上了中学，而它现在的人口已经减到原来一半都不到了。我住在那里时很开心，那里是我的家。现在还以它为家的人们对自己的社区骄傲依旧，但我认识的人们感到被抛弃了。给特朗普投票的人占到了74%。

我要给自由派精英的学者同仁以及"知识生产者"捎的一句话是，美国乡村并没有发疯。确实，他们生活在由拉什·林博（Rush Limbaugh）*、福克斯新闻以及唐纳德·特朗普编造的世界里。他们绝大多数投票支持共和党，不少人已经支持了几十年。他们有些人参加了猛烈抨击民主党和媒体的集会，有些人公开纵容种族诽谤和恐同行为。而大多数人没有这么做，他们的愤怒更为内敛，大部分时间深藏不露。它飘荡在咖啡馆和合作社展开的谈话中，偶然出现在非正式访谈中，有时候又激烈得令人惊讶。

---

* 拉什·林博是美国知名的保守派广播脱口秀主持人。

关于大部分解读美国乡村的报道，让人感到奇怪的一点是，它们跟美国乡村人生活的社区毫无关系，都是一些个人的憎恶和态度。似乎美国乡村人整天都关起门来只关心自己的钱袋子。也许需要社会学者来指出，美国乡村人是生活在社区里的。其实并不需要。广袤的美国乡村确实是有人居住的，小镇就是我们所知的最好证明。环顾四周，小镇比比皆是。

美国乡村人在小镇生活也不总是因为他们困在了原地，无处可去。就我们所知，有些人可能是这种情况，但这不是大多数人说到自己社区时的感受。他们以社区为傲，他们通常很关心社区，他们与邻居共享的价值观对他们来说是正确的。这是围绕着他们的道德共同体。

道德秩序是一件难以界定的事情。我认为，它是人们生活于其中的一种集体性的、遍及整个社区的文化现实。它在人们生活中的力量在于这样一个事实：人们大部分时间认为它是理所当然的，不会去质疑它。另外，它还是有效的。上下班、购物、送孩子上学、跟邻居打招呼等日常任务是相对不需要快速决策的习惯。参加教会活动后的一次谈话证实你们心照不宣地认同着大家信奉的价值观、尊重的公众人物。即使不认同，你也要把自己的意见藏在心里。

当道德秩序遭到威胁时，人们对道德秩序习以为常这一事实通常使人难以摸清问题之所在。你告诉自己,你们社区的情况还可以,是一个适合生活的地方。它以前有过问题,但总是能熬过去。大家很坚强,社区的适应能力很强。但是,其他地方的人,特别是华府的人不这么看,这让你很不爽。他们好像没你这么有使命感,他们不按常理。他们夸夸其谈,但又办不成任何有建设性的事情。他们的利益站在那些生活在城里、跟你长得不一样的人的那一边。他们并不同你一样关切胎儿和婚姻的神圣性。与这些利益相关联的想法,那些似乎跟你自己的观点大相径庭的想法是强有力的。它们存在于与你的背景不同的特权地区,它们威胁着你希望保护的生活方式。

生活方式受到威胁与政治舞台上的作秀存在着一条界限。这条界限横亘在当地社区与外部世界之间。超越这道界限就会夸大差异。通过电视和家中电脑上的社交媒体进入你家客厅的华府新闻,与你从家人朋友处得知的新闻有着惊人的不同。事实上,研究表明,你未必能明确说出自己习以为常的事情,而往往更容易发现自己不认同的事情。"我们"和"他们"的区别,更多依据的是我们不喜欢"他们"哪里,而不是我们喜欢"我们"哪里。

现实受到威胁的感觉与外部政治之间进一步的联系是,恐惧心理迫使我们行动。这是正常反应。我们天生对于恐惧的反应就是要采取行动的。通常,我们的行动是一种即时的本能反应，这种反应事后回想起来通常是错误的，需要重新审视才能做得对。在感到被某人威胁时攻击对方、当国家受到袭击时开战，事后看来可能不是最好的反应，但采取行动会让我们感觉自己更强大。

感到自己的乡村社区受到威胁的人们能让自己感觉更强大的行动选择很少。他们大部分时间遵纪守法，不会加入武装组织，为人友善，不会对沃尔玛的工作人员骂出种族歧视的话。他们擅长的行动是热衷于聆听拉什·林博的节目，投票取缔"计划生育协会"（Planned Parenthood）*。心里想着让政府滚出自己的农场生意是令人振奋的，而心里想象给华府来一次釜底抽薪令人更为激动。

正如打人可能不是最佳反应一样，追捧釜底抽薪这一想法也不太可能产生理想的结果。在我的访谈中，当被问及对联邦政府的看法时，受访者最通常的反应只是嗤之以鼻，主张选民应该彻底换人甚至让华府关门大吉。当被问及具体政策时，受访者知道社会保障和医疗保障对社区是有益的。他们承认农作物保险补贴也许是好事。其中有些人提到了帮助修建新医院、提供紧急灾难援助的联邦拨款。但这些并不是他们关注的重点。

---

* 美国计划生育协会是美国最大型的生殖保健服务提供者，服务的健康项目主要包括人工流产、各种避孕方式和性传播疾病的检查、治疗与护理。

美国民主的生命力令人忧虑，因此一次选举能在具体政策几无讨论的情况下得以进行，这就不奇怪了。要是你所支持的政党认为有些现任官员应该被踢出华府，那么头等大事就是冲这些官员发火。彻底换人，釜底抽薪。之后发生的事情太复杂，顾不上想了。必须采取果断行动。

在这方面，乡村人当然不是特例。城郊、城市居民也常常会对政府做的某件事生气，或者担心最近一次选举意味着不祥之兆。不过乡村人确实也身处我们所有人所处的同一个社会中——我们都希望能有利于集体福祉的社会。

乡村人认为自己的社区正面临着危险，他们的生活方式正深陷困境，虽然这种想法可以理解，但生活在这些地方的社区领袖和普通公民的真实情况表明，愤怒不是他们唯一的反应。他们在全国选举中可能会受到政治诉求的驱使，但他们也是务实的。当华府似乎不可能给他们太多关注时，不管哪个政党当权，他们的务实精神就转方向了。它转向了本地、本地区的解决方案，转向了经济发展项目、州政府的举措以及技术创新。务实精神既看重取得的重要成就，也看重未来的希望。

最好的希望在何处，很大程度上取决于过去它是在何处被发现的。乡村社区储存着悠久的回忆，让人们的忠诚感、归属感得以存续。在好几代都支持共和党的县，民主党赢得地方选举的概率等于零。但共和党保守派被共和党温和派替代（或者反之）的概率是很高的。而且在许多乡村社区，共和党的势力并没有那么强大。

社区领袖们知道，单靠担忧和愤怒不能解决社区的生存问题。争取到新医院或者小制造厂入驻的镇子比争取不到的邻镇情况就要好点。州议会中的多数派必须权衡公民关于本地学校质量、关切本地医疗保健服务的实用性，而不是依赖过去行得通的政治诉求。

乡村社区的道德结构中存在某种顽强的适应力。希望华府别插手自己生活的那批留守者通常也会感到有义务坚守在原地，努力扭转局面。捍卫他们的价值观不仅仅意味着大骂一通或者因循守旧，还需要努力保持社区的活力，也有必要迎接新挑战、适应变化的环境，哪怕这些变化是令人畏惧的。

| 延伸阅读
FURTHER READING

美国乡村概述

[1]   Adamy, Janet and Paul Overberg. "Rural America Is the New 'Inner City.'" *Wall Street Journal*, May 26, 2017.

[2]   Brown, David L. and Kai A. Schafft. *Rural People and Communities in the 21st Century*. Malden, MA: Polity Press, 2011.

[3]   Brown, David L. and Louis E. Swanson, editors. *Challenges for Rural America in the Twenty-First Century*. University Park: Pennsylvania State University Press, 2003.

[4]   Flora, Cornelia Butler, Jan L. Flora, and Stephen P. Gasteyer. *Rural Communities: Legacy and Change*. Boulder, CO: Westview Press, 2016.

[5]   United States Department of Agriculture. "Rural America at a Glance." *Economic Information Bulletin* (November 2016), 1–6.

[6]   Wood, Richard. *Survival of Rural America: Small Victories and Bitter Harvests*. Lawrence: University Press of Kansas, 2008.

[7]   Wuthnow, Robert. *Remaking the Heartland: Middle America Since the 1950s*. Princeton, NJ: Princeton University Press, 2011.

[8]   Wuthnow, Robert. *Small-Town America: Finding Community, Shaping the Future*. Princeton, NJ: Princeton University Press, 2013.

历史背景

[9]   Danbom, David B. *Born in the Country: A History of Rural America*, 2nd ed. Baltimore: Johns Hopkins University Press, 2006.

[10]   Douglass, H. Paul. *The Little Town: Especially in Its Rural Relationships*.New York: Macmillan, 1919.

[11]   Dykstra, Robert R. "Town-Country Conflict: A Hidden Dimension in American Social History." *Agricultural History* 38 (1964), 195‒204.

[12]   Egan, Timothy. *The Worst Hard Time*. New York: Houghton Mifflin, 2006.

[13]   Goodwyn, Lawrence. *The Populist Moment: A Short History of the Agrarian Revolt in America*. New York: Oxford University Press, 1978.

[14]   Lingeman, Richard. *Small Town America: A Narrative History, 1620—The Present*. New York: Putnam, 1980.

[15]   Riney-Kehrberg, Pamela, ed. *The Routledge History of Rural America*.New York: Routledge, 2016.

[16]   Vidich, Arthur J. and Joseph Bensman. *Small Town in Mass Society: Class, Power, and Religion in a Rural Community*. Princeton, NJ: Princeton University Press, 1958.

[17]   West, James. *Plainville, U.S.A.* New York: Columbia University Press, 1945.

人口统计学

[18]   Albrecht, Don E. "Nonmetropolitan Population Trends: Twenty-First Century Updates." *Journal of Rural Social Sciences* 25 (2010), 1‒21.

[19]   Artz, Georgeanne M. and Peter F. Orazem. "Reexamining Rural Decline: How Changing Rural Classifications Affect Perceived Growth." *Review of Regional Studies* 36 (2006), 163‒91.

[20]   Chi, Guangqing. "The Impacts of Highway Expansion on Population Change: An Integrated Spatial Approach." *Rural Sociology* 75 (2010), 58‒89.

[21]   Fuguitt, Glenn V. "County Seat Status as a Factor in Small Town Growth and Decline." *Social Forces* 44 (1965), 245‒51.

[22]   Fuguitt, Glenn V., David L. Brown, and Calvin L. Beale. *Rural and Small Town America*. New York: Russell Sage Foundation, 1989.

[23]   Semuels, Alana. "The Graying of Rural America." *Atlantic*, June 2, 2016; available online at www.theatlantic.com.

社区

[24] Anderson, Benedict. *Imagined Communities: Reflections on the Origin and Spread of Nationalism*. London: Verso, 1991.

[25] Bender, Thomas. *Community and Social Change in America*. Baltimore: Johns Hopkins University Press, 1978.

[26] Ehrenhalt, Alan. *The Lost City: The Forgotten Virtues of Community in America*. New York: Basic Books, 1995.

[27] Fischer, Claude S. *To Dwell Among Friends: Personal Networks in Town and City*. Chicago: University of Chicago Press, 1982.

[28] Hummon, David M. "Popular Images of the American Small Town." *Landscape* 24 (1980), 3–9.

[29] Hummon, David M. *Commonplaces: Community Ideology and Identity in American Culture*. New York: State University of New York Press, 1990.

[30] Keller, Suzanne. *Community: Pursuing the Dream, Living the Reality*. Princeton, NJ: Princeton University Press, 2003.

[31] McMillan, David W. and David M. Chavis. "Sense of Community: A Definition and Theory." *Journal of Community Psychology* 14 (1986), 6–23.

[32] Salamon, Sonya. "From Hometown to Nontown: Rural Community Effects of Suburbanization." *Rural Sociology* 68 (2003), 1–24.

[33] Salamon, Sonya. *Newcomers to Old Towns: Suburbanization of the Heartland*. Chicago: University of Chicago Press, 2003.

[34] Sundblad, Daniel R. and Stephen G. Sapp. "The Persistence of Neighboring as a Determinant of Community Attachment: A Community Field Perspective." *Rural Sociology* 76 (2011), 511–34.

[35] Wuthnow, Robert. *Loose Connections: Joining Together in America's Fragmented Communities*. Cambridge, MA: Harvard University Press, 1998.

农业与农民

[36] Beach, Sarah S. " 'Tractorettes' or Partners? Farmers' Views on Women in Kansas Farming Households." *Rural Sociology* 78 (2013), 210–28.

[37] Gardner, Bruce L. *American Agriculture in the Twentieth Century: How It Flourished and What It Cost*. Cambridge, MA: Harvard University Press, 2002.

[38] Gill, Fiona. "Moving to the 'Big' House: Power and Accommodation in Inter-Generational Farming Families." *Rural Society* 18 (2008), 83–94.

[39] Harlin, J. L. "The Aging Family Farm—Estate/Succession Planning for Farmers." *Agricultural Finance* 34 (1992), 38–39.

[40] Hutson, John. "Fathers and Sons: Family Farms, Family Businesses and the Farming Industry." *Sociology* 21 (1987), 215–29.

[41] Inwood, Shoshanah, Jill K. Clark, and Molly Bean. "The Differing Values of Multigeneration and First-Generation Farmers: Their Influence on the Structure of Agriculture at the Rural-Urban Interface." *Rural Sociology* 78 (2013), 346–70.

[42] Lobao, Linda and Katherine Meyer. "The Great Agricultural Transition: Crisis, Change, and Social Consequences of Twentieth-Century US Farming." *Annual Review of Sociology* 27 (2001), 103–24.

[43] Riney-Kehrberg, Pamela. *Childhood on the Farm: Work, Play, and Coming of Age in the Midwest*. Lawrence: University Press of Kansas, 2005.

[44] Salamon, Sonya. *Prairie Patrimony: Family, Farming, and Community in the Midwest*. Chapel Hill: University of North Carolina Press, 1992.

[45] Salamon, Sonya and Jane B. Tornatore. "Territory Contested through Property in a Midwestern Post-Agricultural Community." *Rural Sociology* 59 (1994), 636–54.

[46] Tickamyer, Ann R. and Debra A. Henderson. "Rural Women: New Roles for the New Century?" In *Challenges for Rural America in the Twenty-First Century*, edited by David L. Brown and Louis E. Swanson, 109–17. University Park: Pennsylvania State University Press, 2003.

[47] Wuthnow, Robert. *In the Blood: Understanding America's Farm Families*. Princeton, NJ: Princeton University Press, 2015.

乡村文化

[48] Bell, Michael Mayerfeld. *Childerley: Nature and Morality in a Country Village*. Chicago: University of Chicago Press, 1994.

[49] Bell, Michael Mayerfeld. "The Ghosts of Place." *Theory and Society* 26 (1997), 813–36.

[50] Besser, Terry L., Nicholas Recker, and Kerry Agnitsch. "The Impact of Economic Shocks on Quality of Life and Social Capital in Small Towns." *Rural Sociology* 73 (2008), 580–604.

[51]   Bloom, Stephen G. *Postville: A Clash of Cultures in Heartland America.* New York: Mariner Books, 2001.

[52]   Boyles, Denis. *Superior, Nebraska: The Common Sense Values of America's Heartland.* New York: Doubleday, 2008.

[53]   Bryson, Bill. *The Lost Continent: Travels in Small-Town America.* New York: Harper Perennial, 1990.

[54]   Campbell, Hugh, Michael Mayerfeld Bell, and Margaret Finney, editors. *Country Boys: Masculinity and Rural Life.* University Park: Pennsylvania State University Press, 2006.

[55]   Ching, Barbara and Gerald W. Creed, editors. *Knowing Your Place: Rural Identity and Cultural Hierarchy.* New York: Routledge, 1997.

[56]   Curry, Janel M. "Community Worldview and Rural Systems: A Study of Five Communities in Iowa." *Annals of the Association of American Geographers* 90 (2000), 693–712.

[57]   Davies, Richard O., Joseph A. Amato, and David R. Pichaske, editors. *A Place Called Home: Writings on the Midwestern Small Town.* St. Paul: Minnesota Historical Society, 2003.

[58]   Douglas, Mary. "The Idea of a Home: A Kind of Space." In *Home: A Place in the World*, edited by Arien Mack, 253–72. New York: New York University Press, 1993.

[59]   Klinkenborg, Verlyn. *The Rural Life.* Boston: Little Brown, 2002.

[60]   Lavenda, Robert H. *Corn Fests and Water Carnivals: Celebrating Community in Minnesota.* Washington, DC: Smithsonian Institution Press, 1997.

[61]   Levy, Emanuel. *Small-Town America in Film: The Decline and Fall of Community.* New York: Continuum, 1991.

[62]   MacGregor, Lyn C. *Habits of the Heartland: Small-Town Life in Modern America.* Ithaca, NY: Cornell University Press, 2010.

[63]   McConnell, Eileen Diaz and Faranak Miraftab. "Sundown Town to 'Little Mexico': Old-timers and Newcomers in an American Small Town." *Rural Sociology* 74 (2009), 605–29.

[64]   Mueller, William. "Do Americans Really Want to Live in Small Towns?" *American Demographics* (January 1987), 34–37, 60.

[65]   Oldenburg, Ray. *The Great Good Place: Cafes, Coffee Shops, Community Centers, Beauty Parlors, General Stores, Bars, Hangouts, and How They Get You Through the*

Day. New York: Paragon House, 1989.

乡村回忆录

[66] Andersen, M. J. *Portable Prairie: Confessions of an Unsettled Midwesterner*. New York: Thomas Dunne, 2004.

[67] Anderson, Leslie O. *Memoirs of a Country Boy / Newspaper Man*. Elk River, MN: De Forest Press, 2004.

[68] Barnett, Bob. *Growing Up in the Last Small Town*. Ashland, KY: Jesse Stuart Foundation, 2010.

[69] Beardslee, Bob. *Hometown Memories*. Victoria, BC: Trafford Publishing, 2006.

[70] Bodensteiner, Carol. *Growing Up Country: Memories of an Iowa Farm Girl*. Des Moines, IA: Sun Rising Press, 2008.

[71] Fowler, Eric B. and Sheila Delaney. *Small-Town Boy, Small-Town Girl: Growing Up in South Dakota, 1920–1950*. Pierre: South Dakota Historical Society, 2009.

[72] Marquart, Debra. *The Horizontal World: Growing Up Wild in the Middle of Nowhere*. New York: Counterpoint, 2006.

[73] Schwieder, Dorothy Hubbard. *Growing Up with the Town: Family and Community on the Great Plains*. Iowa City: University of Iowa Press, 2002.

[74] Vance, J. D. *Hillbilly Elegy: A Memoir of a Family and Culture in Crisis*. New York: Harper Collins, 2016.

社会问题

[75] Anderson, Scott Thomas. *Shadow People: How Meth-driven Crime Is Eating at the Heart of Rural America*. New York: Coalition for Investigative Journalism, 2012.

[76] Carr, Patrick J. and Maria J. Kefalas. *Hollowing Out the Middle: The Rural Brain Drain and What It Means for America*. Boston: Beacon, 2009.

[77] Davidson, Osha Gray. *Broken Heartland: The Rise of America's Rural Ghetto*. Iowa City: University of Iowa Press, 1996.

[78] Davies, Richard O. *Main Street Blues: The Decline of Small-Town America*. Columbus: Ohio State University Press, 1998.

[79] Douthat, Ross. "The Roots of White Anxiety." *New York Times*, July 18, 2010.

[80] Duncan, Cynthia M. *World Apart: Poverty and Politics in Rural America*, 2nd ed. New

Haven, CT: Yale University Press, 2014.

[81] Erikson, Kai T. *Everything in Its Path: Destruction of Community in the Buffalo Creek Flood.* New York: Simon & Schuster, 1977.

[82] Glasmeier, Amy and Priscilla Salant. "Low-Skill Workers in Rural America Face Permanent Job Loss." *Carsey Research* (Spring 2006), 1–7.

[83] Grey, Mark, Michele Devlin, and Aaron Goldsmith. *Postville U.S.A.: Surviving Diversity in Small-Town America.* Boston: Gemma Media, 2009.

[84] Lichter, Daniel T., Domenico Parisi, Steven Michael Grice, and Michael C. Taquino. "National Estimates of Racial Segregation in Rural and Small-Town America." *Demography* 44 (2007), 563–81.

[85] Loewen, James W. *Sundown Towns: A Hidden Dimension of American Racism.* New York: New Press, 2005.

[86] Reding, Nick. *Methland: The Death and Life of an American Small Town.* New York: Bloomsbury, 2009.

[87] Schaefer, Andrew, Marybeth J. Mattingly, and Kenneth M.Johnson. "Child Poverty Higher and More Persistent in Rural America." *Carsey Research* (Winter 2016), 1–7.

[88] Schwartz-Barcott, Timothy Philip. *After the Disaster: Re-creating Community and Well-Being at Buffalo Creek since the Notorious Coal-Mining Disaster in 1972.* Amherst, NY: Cambria Press, 2008.

[89] Sherman, Jennifer. "Coping with Rural Poverty: Economic Survival and Moral Capital in Rural America." *Social Forces* 85 (2006), 891–913.

[90] Sherman, Jennifer. *Those Who Work, Those Who Don't: Poverty, Morality, and Family in Rural America.* Minneapolis: University of Minnesota Press, 2009.

[91] Van Gundy, Karen. "Substance Abuse in Rural and Small Town America." *Carsey Institute Report on Rural America* 1 (2006), 5–36.

[92] Weisheit, Ralph A., David N. Falcone, and L. Edward Wells. *Crime and Policing in Rural and Small-Town America,* 3rd ed. Long Grove, IL: Waveland Press, 2006.

组织

[93] Bradshaw, Ted K. "Multicommunity Networks: A Rural Transition." *Annals of the American Academy of Political and Social Science* 529 (1993), 164–75.

[94] Ford, Kristina, James Lopach, and Dennis O'Donnell. *Planning in Small Town America: Observations, Sketches, and a Reform Proposal.* Chicago: American Planning

Association, 1990.

[95] Hanna, Kevin S., Ann Dale, and Chris Ling. "Social Capital and Quality of Place: Reflections on Growth and Change in a Small Town." *Local Environment* 14 (2009), 31–44.

[96] Landon, Donald D. *Country Lawyers: The Impact of Context on Professional Practice.* New York: Praeger, 1990.

[97] Miller, Carol D. *Niagara Falling: Globalization in a Small Town.* Lanham, MD: Lexington Books, 2007.

[98] Putnam, Robert D. *Bowling Alone: The Collapse and Revival of American Community.* New York: Simon & Schuster, 2000.

[99] Rotolo, Thomas. "Town Heterogeneity and Affiliation: A Multilevel Analysis of Voluntary Association Membership." *Sociological Perspectives* 43 (2000), 272–89.

[100] Tolbert, Charles M., Michael D. Irwin, Thomas A. Lyson, and Alfred R. Nucci. "Civic Community in Small-Town America: How Civic Welfare Is Influenced by Local Capitalism and Civic Engagement." *Rural Sociology* 67 (2002), 90–113.

政治

[101] Armey, Dick and Matt Kibbe. *Give Us Liberty: A Tea Party Manifesto.* New York: William Morrow, 2010.

[102] Cramer, Katherine J. *The Politics of Resentment: Rural Consciousness in Wisconsin and the Rise of Scott Walker.* Chicago: University of Chi-cago Press, 2016.

[103] Farah, Joseph. *The Tea Party Manifesto.* New York: WND Books, 2010.

[104] Formisano, Ron. "Populist Currents in the 2008 Presidential Campaign." *Journal of Policy History* 22 (2010), 237–55.

[105] Hochschild, Arlie Russell. *Strangers in Their Own Land: Anger and Mourning on the American Right.* New York: New Press, 2016.

[106] Langer, Andrew M. "Sarah Palin, Small-Town America." *U.S. News*, September 12, 2008.

[107] Leonard, Robert. "Why Rural America Voted for Trump." *New York Times*, January 5, 2017.

[108] McKee, Seth C. "Rural Voters in Presidential Elections." *Forum* 5, 2 (2007), 1–24.

[109] Peterson, Trudy. "Rural Life and the Privacy of Political Association." *Agricultural History* 64 (1990), 1–8.

[110] Skocpol, Theda and Vanessa Williamson. *The Tea Party and the Remaking of Republican Conservatism*. New York: Oxford University Press, 2012.

[111] Wuthnow, Robert. *Red State Religion: Faith and Politics in America's Heartland*. Princeton, NJ: Princeton University Press, 2012.

[112] Wuthnow, Robert. *Rough Country: How Texas Became America's Most Powerful Bible-belt State*. Princeton, NJ: Princeton University Press, 2014.

社会焦点

[113] Cohen, David S. and Krysten Cannon. *Living in the Crosshairs: The Untold Stories of Anti-Abortion Terrorism*. New York: Oxford University Press, 2015.

[114] Dillon, Michele and Sarah Savage. "Values and Religion in Rural America: Attitudes Toward Abortion and Same-Sex Relations." *Carsey Institute Reports* (Fall 2006), 1–10.

[115] Fellows, Will. *Farm Boys: Lives of Gay Men from the Rural Midwest*. Madison: University of Wisconsin Press, 2001.

[116] Gray, Mary L. *Out in the Country: Youth, Media, and Queer Visibility in Rural America*. New York: NYU Press, 2009.

[117] Gray, Mary L., Colin R. Johnson, and Brian J. Gilley, eds. *Queering the Countryside: New Frontiers in Rural Queer Studies*. New York: NYU Press, 2016.

[118] Munson, Ziad W. *The Making of Pro-Life Activists: How Social Movement Mobilization Works*. Chicago: University of Chicago Press, 2009.

[119] Thomson-Deveaux, Amelia. "Last Rural Abortion Clinics in Texas Shut Down." *American Prospect*, March 6, 2014.

移民

[120] Albarracin, Julia. *At the Core and in the Margins: Incorporation of Mexican Immigrants in Two Rural Midwestern Communities*. East Lansing: Michigan State University Press, 2016.

[121] Artz, Georgeanne M., Peter F. Orazem, and Daniel M. Otto. "Meat Packing and Processing Facilities in the Non-Metropolitan Midwest: Blessing or Curse?" Unpublished paper presented at the Annual Meeting of the American Agricultural Economics Association, Providence, Rhode Island, July 2005.

[122] Artz, Georgeanne M., Peter F. Orazem, and Daniel M. Otto. "Measuring the Impact of

Meat Packing and Processing Facilities in Nonmetropolitan Counties: A Difference-in-Differences Approach." *American Journal of Agricultural Economics* 89 (2007), 557–70.

[123] Jensen, Leif. "New Immigrant Settlements in Rural America: Problems, Prospects, and Policies." *Carsey Institute Reports on Rural America* 1 (2006), 6–32.

[124] Jimenez, Tomas R. "Mexican-Immigrant Replenishment and the Continuing Significance of Ethnicity and Race." *American Journal of Sociology* 113 (2008): 1527–67.

[125] Jimenez, Tomas R. *Replenished Ethnicity: Mexican Americans, Immigration, and Identity*. Berkeley and Los Angeles: University of California Press, 2009.

[126] Partridge, Mark D., Dan S. Rickman, and Kamar Ali. "Recent Immigration and Economic Outcomes in Rural America." *American Journal of Agricultural Economics* 90 (2008), 1326–33.

[127] Ribas, Vanesa. *On the Line: Slaughterhouse Lives and the Making of the New South*. Berkeley and Los Angeles: University of California Press, 2016.

[128] Stull, Donald D. and Michael J. Broadway. *Slaughterhouse Blues: The Meat and Poultry Industry in North America*. San Francisco: Wadsworth, 2004.

[129] Waldorf, Brigitte S., Raymond J.G.M. Florax, and Julia Beckhusen. "Spatial Sorting of Immigrants Across Urban and Rural Areas in the United States: Changing Patterns of Human Capital Accumulation Since the 1990s." *American Journal of Agricultural Economics* 90 (2008), 1312–18.

[130] Wuthnow, Robert. *America and the Challenges of Religious Diversity*. Princeton, NJ: Princeton University Press, 2005.

[131] Wuthnow, Robert. *American Mythos: Why Our Best Efforts to Be a Better Nation Fall Short*. Princeton, NJ: Princeton University Press, 2006.

图书在版编目（CIP）数据

留守者：美国乡村的衰落与愤怒／（美）罗伯特·
伍斯诺著；卢屹译. 一上海：东方出版中心，2021.6
　ISBN 978-7-5473-1798-3

　Ⅰ. ①留… Ⅱ. ①罗… ②卢… Ⅲ. ①农村经济发展
一研究—美国 Ⅳ. ①F371.23

中国版本图书馆CIP数据核字（2021）第157634号

留守者：美国乡村的衰落与愤怒

著　　者　［美］罗伯特·伍斯诺（Robert Wuthnow）
译　　者　卢　屹
策划编辑　黄　驰
责任编辑　黄　驰
封面设计　@吾然设计工作室

出版发行　东方出版中心
地　　址　上海市仙霞路345号
邮政编码　200336
电　　话　021-62417400
印　刷　者　上海盛通时代印刷有限公司

开　　本　890mm×1240mm　1/32
印　　张　6.625
字　　数　98千字
版　　次　2021年10月第1版
印　　次　2021年10月第1次印刷
定　　价　58.00元